Mobile Homes

Transportable, Tiny, Lightweight

Mobile Homes

Transportable, Tiny, Lightweight

monsa

MOBILE HOMES

Editor, concept, and project director
Josep María Minguet

Project's selection, design and layout
Patricia Martínez (equipo editorial Monsa)

INSTITUTO MONSA DE EDICIONES
Gravina 43 (08930)
Sant Adrià de Besòs
Barcelona (Spain)
Tlf. +34 93 381 00 50
www.monsa.com
monsa@monsa.com

Visit our official online store!
www.monsashop.com

Follow us on facebook!
facebook.com/monsashop

Cover image and back cover: Toybox Tiny Home by Paul Schultz
Photos: Mieke Zuiderweg

Translation by Babyl Traducciones

ISBN: 978-84-16500-38-3
D.L. B 95-2017
Printed by Grafilur

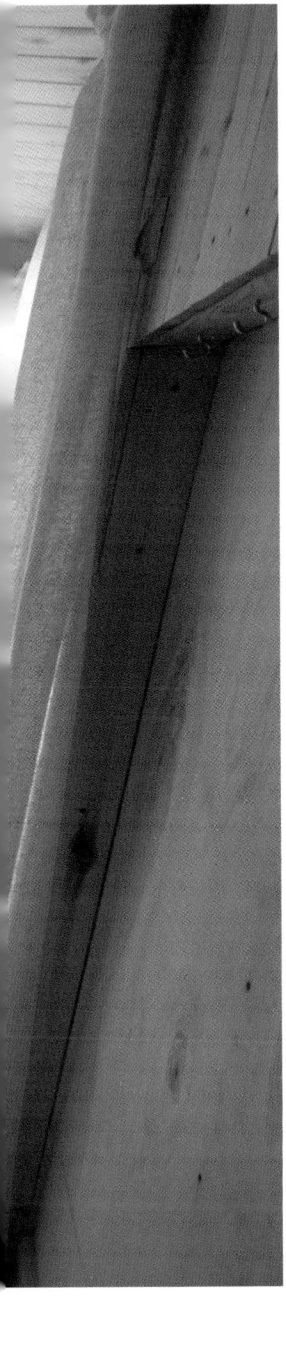

INTRODUCTION

At some point in our lives we all dream of owning a home. Traditionally, the ideal house was one with enormous spaces, swimming pool, garden and big salons, among other things. But the situation in nowadays society, the volatility of everything and people´s curiosity about living new experiences, have motivated a greater number of people preferring the simplicity and practicality of the houses which have smaller spaces with a thought through distribution. We are talking of a part of the society that prefers freedom to luxury.
Thanks to this style of life, a new architectural trend has appeared, mobile homes which can be transported, some are built on wheels, turning into rolling houses in the most literal sense of the word. Others can be easily carried on a truck and be moved to the places their owners desire. Tiny houses, of less than 20 m^2, where the main space is at the same time kitchen and living room, which tend to have a small loft for the bedroom and where there is no place for things which don´t have an essential use, giving their owner the necessary comfort. They are homes which, due to their architecture and interior design, have managed to become genuine referents in the world of the design.

Todos en algún momento de nuestras vidas soñamos con conseguir tener una vivienda propia. Tradicionalmente la casa ideal era aquella que tenía enormes espacios, piscina, jardín y grandes salones, entre otras cosas. Pero la situación de la sociedad actual, la volatilidad de todo y la curiosidad de la gente por vivir nuevas experiencias, ha hecho que cada vez sean más las personas que prefieren la simplicidad y la practicidad de las casas con espacios más pequeños y con una muy pensada distribución. Se trata de una parte de la sociedad que prefiere cambiar lujo por libertad.
Gracias a este estilo de vida, ha aparecido una nueva tendencia en la arquitectura, casas móviles que son transportables, algunas están construidas sobre ruedas, transformándose en casas rodantes en el más literal sentido de la palabra. Otras se pueden llevar fácilmente en camión y ser trasladadas a los lugares que sus dueños quieran. Casas diminutas, de menos de 20 metros cuadrados, donde el espacio principal es al mismo tiempo la cocina y el living, que suelen tener un pequeño altillo para el dormitorio y donde no hay lugar para las cosas que no tienen una utilidad indispensable, dando a su propietario la comodidad necesaria. Viviendas que por su arquitectura e interiorismo han llegando a ser auténticos referentes en el mundo del diseño.

Clara

Architects:
Getaway House, INC
www.getaway.house

Founder/CEO:
Jon Staff (Harvard Business School)

Co-Founder:
Pete Davis (Harvard Law School)

Headquarters:
Brooklyn, NY, USA

Area: 200 sf (18.5 m^2)

Plan and elevation: Emily Margulies

Photos: © Bearwalk (thebearwalk.com)
Getaway

In the summer of 2015, Jon and Pete launched Getaway (see: Getaway.house), its first project to help grow the tiny house movement. The idea: build tiny houses, place them on beautiful rural land and rent them by the night to city folks looking to escape the digital grind and test-drive tiny house living.
The house reaches out into the landscape with a cantilevering volume of wood and glass. The interior comprises a series of levels offering you the opportunity to create your own dwelling experience. These levels offer unprogrammed places to sit, eat, sleep, curl up, lean, do work, and hang. There is no conventional furniture - only a combination of soft and hard surfaces to reconfigure and use as desired. Sleeps four comfortably with three sleeping surfaces, including a loft.

En el verano de 2015, Jon Staff y Pete Davis inauguraron Getaway (ver Getaway.house), su primer proyecto destinado ha ayudar al desarrollo del movimiento "tiny house". La idea de dicho movimiento es la de construir pequeñas casas rurales en un entorno agradable y alquilarlas por noches a gente de la ciudad deseosa de escapar de la trampa digital en la que viven inmersos y probar su capacidad para vivir en ese nuevo entorno.
La casa se extiende hasta el exterior gracias a un voladizo de madera y cristal. El interior consta de diferentes niveles, lo cual ofrece la posibilidad de crear su experiencia de hogar propio. Estos niveles distintos ofrecen espacios para sentarse, comer, dormir, acurrucarse o colgar alguna cosa. No hay ningún tipo de mobiliario convencional, en su lugar se trata de una combinación de superficies duras y blandas que pueden ser reconfiguradas y usadas cómo se desee. Pueden dormir confortablemente hasta cuatro personas en tres superficies blandas, incluyendo un altillo.

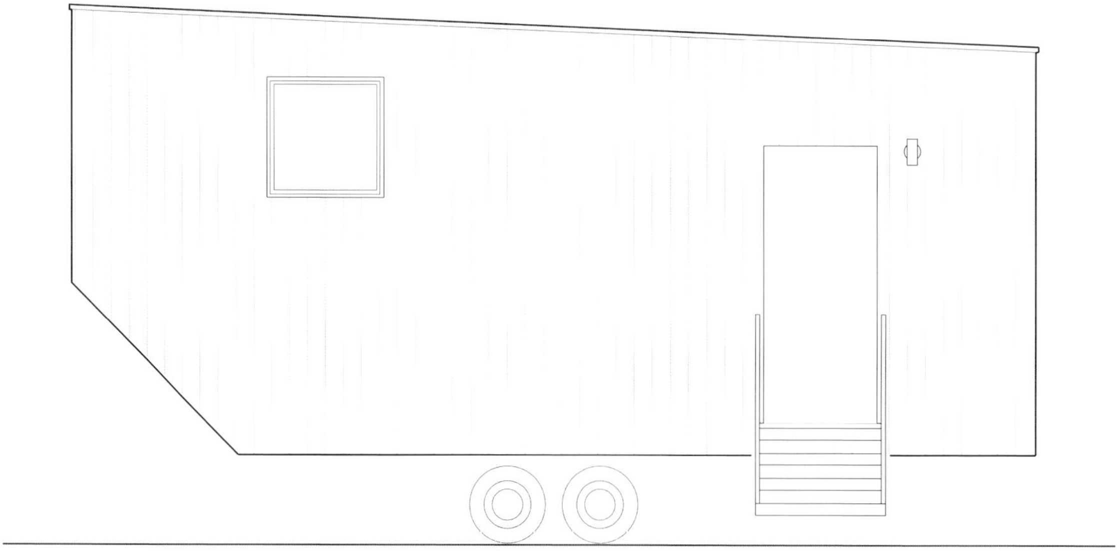

Elevation _ Alzado

Expansive windows create a strong connection with the landscape and the rhythms of the day.

Amplias ventanas con vistas panorámicas crean una fuerte conexión con el paisaje a cada momento del día.

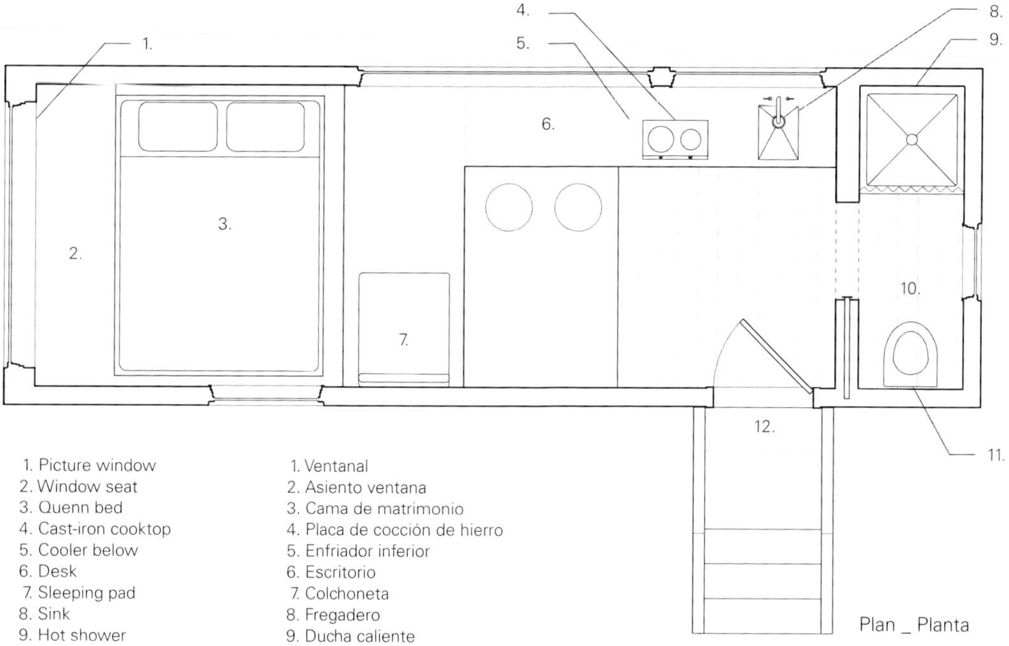

1. Picture window
2. Window seat
3. Quenn bed
4. Cast-iron cooktop
5. Cooler below
6. Desk
7. Sleeping pad
8. Sink
9. Hot shower
10. Bathroom
11. Cutting-edge electric toilet
12. Entry

1. Ventanal
2. Asiento ventana
3. Cama de matrimonio
4. Placa de cocción de hierro
5. Enfriador inferior
6. Escritorio
7. Colchoneta
8. Fregadero
9. Ducha caliente
10. Baño
11. Inodoro eléctrico de última generación
12. Entrada

Plan _ Planta

Lorraine

Architects:
Getaway House, INC
www.getaway.house

Founder/CEO:
Jon Staff (Harvard Business School)

Co-Founder:
Pete Davis (Harvard Law School)

Headquarters:
Brooklyn, NY, USA

Area: 160 sf (14.8 m^2)

Plan and elevation: Emily Margulies

Photos: © Kataram Studios
Bearwalk (thebearwalk.com)

Our second house, the Lorraine, is designed as a writer's retreat: A continuous work surface spans from kitchen to bedroom, to help fuel your creativity and let you spread out. A ribbon window that runs almost the entire length of one side of the house sits at eye level, opening the interior space and allowing one to be inspired by the wilderness.
Sleeps two comfortably on a real queen mattress. Comforts of home: hot shower, two burner propane stove, electric toilet and classic Coleman cooler.

Nuestra segunda casa, Lorraine, se diseñó pensando en el retiro de un escritor: un área de trabajo continua que abarca desde la cocina hasta el dormitorio, permitiendo además alimentar la creatividad y trabajar con comodidad. Una ventana longitudinal, a la altura de los ojos, se extiende de un extremo a otro de uno de los lados de la casa abriendo el espacio interior hacia el exterior y ayudando de esta forma a encontrar la inspiración en la naturaleza.
Está equipada con una cama doble para dos personas. Otros elementos de confort son: ducha caliente, cocina de propano con dos quemadores, inodoro eléctrico y una clásica nevera Coleman.

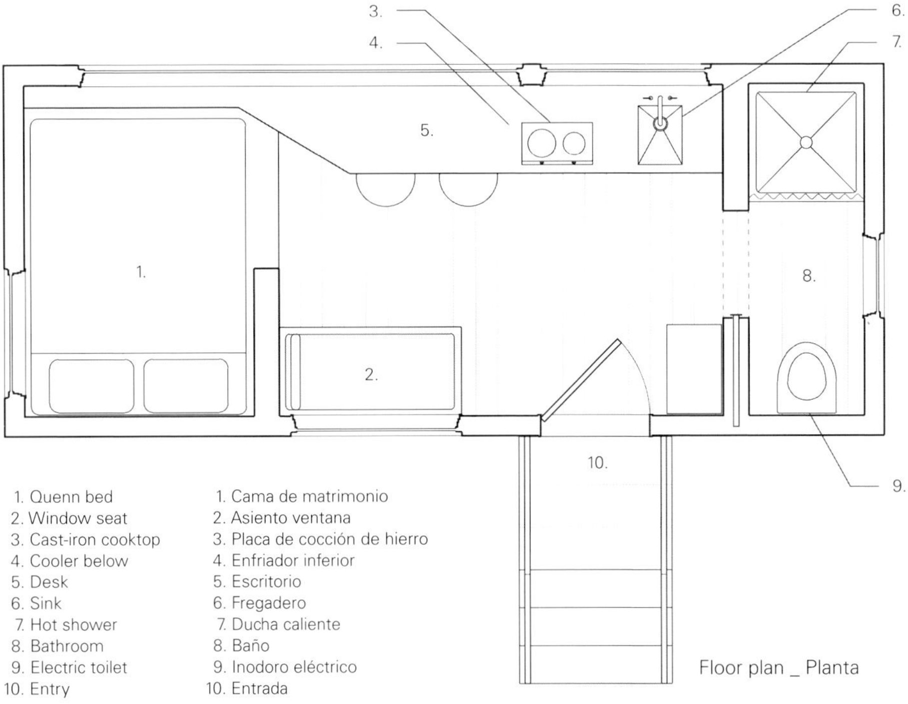

1. Quenn bed
2. Window seat
3. Cast-iron cooktop
4. Cooler below
5. Desk
6. Sink
7. Hot shower
8. Bathroom
9. Electric toilet
10. Entry

1. Cama de matrimonio
2. Asiento ventana
3. Placa de cocción de hierro
4. Enfriador inferior
5. Escritorio
6. Fregadero
7. Ducha caliente
8. Baño
9. Inodoro eléctrico
10. Entrada

Floor plan _ Planta

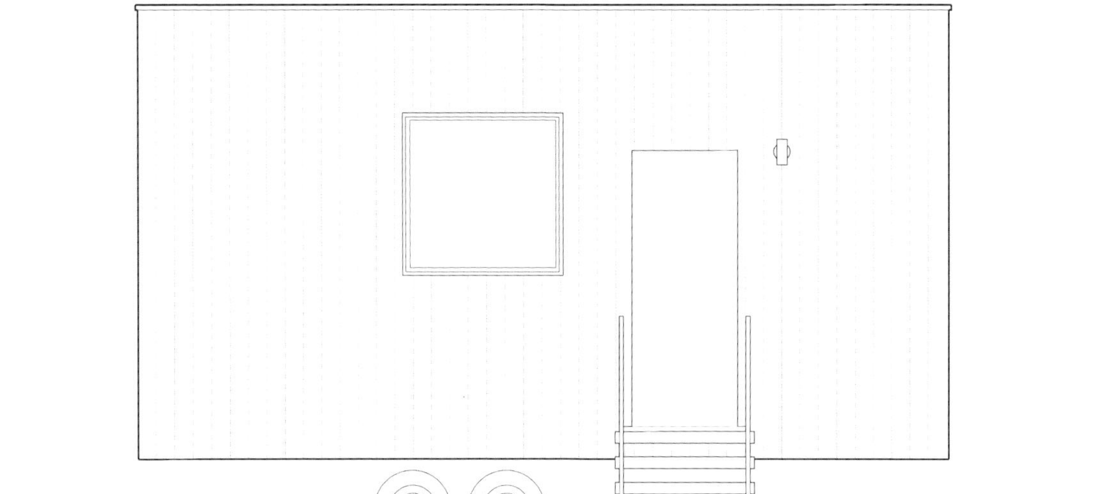

Elevation _ Alzado

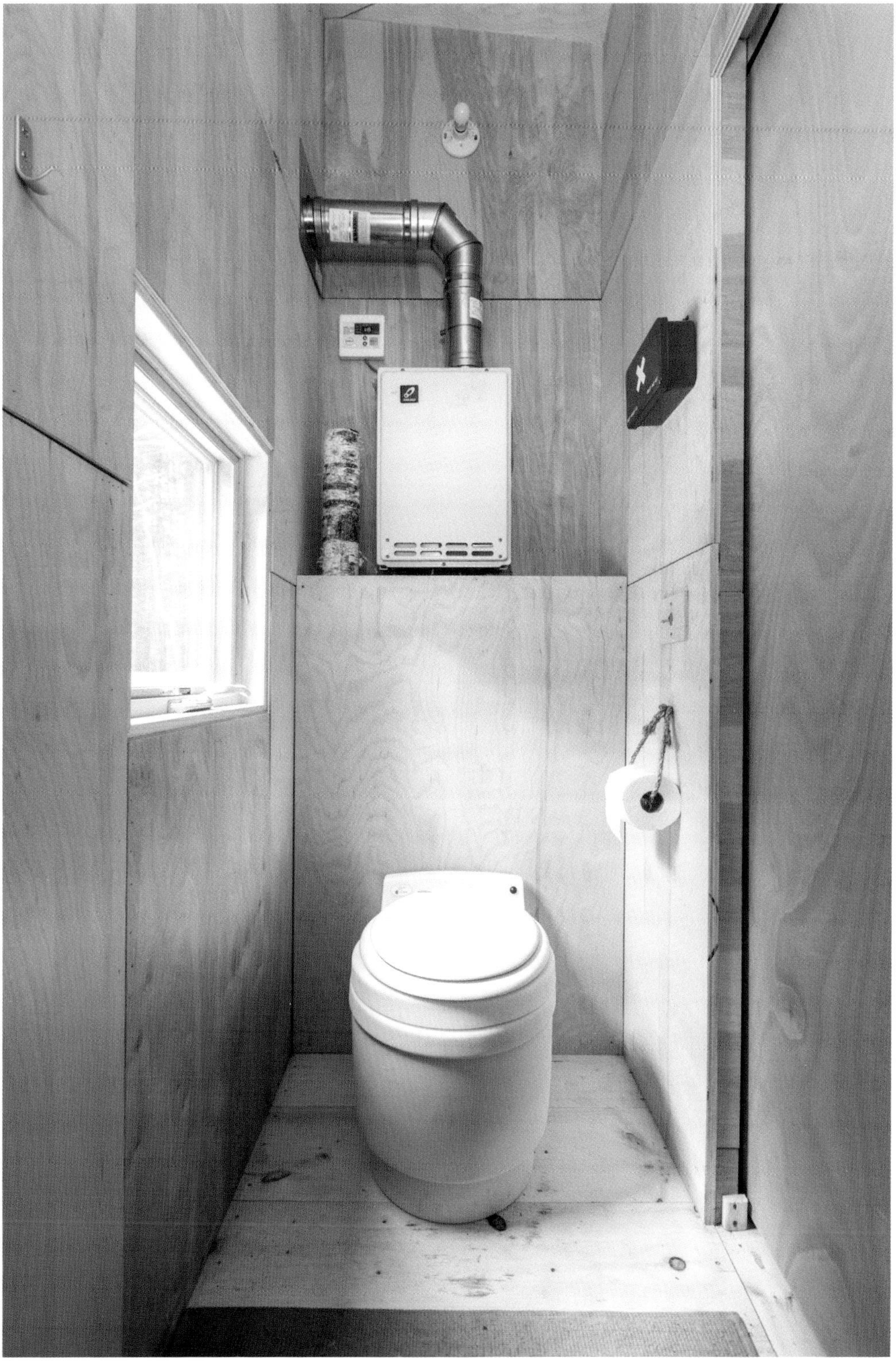

The Hermit Houses

Architect:
Daniël Venneman
www.tinyhomes.nl
www.hermithouses.nl

Projects: **Woonpioniers**
www.woonpioniers.nl

Photos: © Daniel Venneman
Jelte Glas, Mark van der Net

These houses offer a very especial experience and are appropriate for a studio on the garden, a treatment room, or simply a place for yourself. Regarding dimensions, the cabins are adaptable and available as kits. The prefabricated houses are set in a few days. On top of their especial design, "The Ermit Houses" also meant a small revolution in terms of construction process.
The ingenuity of "The Ermit Houses" is rooted on the zig-zag design principle. As a result, we don´t need a substructure additional to its own strength. Also, the houses can consist of pieces which are later transported and are easy to build by hand. Since the houses are light and stable on their own, it´s possible to do without a previous foundation. Therefore, the concept is excellent to build it on your own garden or in remote places surrounded by nature.

Estas casas ofrecen una experiencia muy especial y son adecuadas como un estudio en el jardín, sala de tratamientos, o simplemente un lugar para uno mismo. En cuanto a las dimensiones, las cabañas son adaptables y disponibles como kits. Las casas prefabricadas se colocan en unos pocos días. Además de su diseño especial, "The Ermit Houses" también representó una pequeña revolución en términos de proceso de realización.
El ingenio de "The Ermit Houses" radica en el principio de diseño en zig-zag. Como resultado, es innecesario una subestructura adicional a su propia fuerza. Además, las casas pueden ser piezas que se transportan y son fáciles de construir manualmente. Debido a que las casas son ligeras y estables en sí mismas también se puede prescindir de una base previa. Por lo tanto, el concepto es excelente para la construcción en su propio jardín o en lugares remotos en plena naturaleza.

Porta Palace - woonpioniers Daniel Venneman and Jelte Glas.

All images: Porta Palace - woonpioniers Daniel Venneman and Jelte Glas.

HermitHouses.nl - woonpionier Daniel Venneman in collaboration with Mark van der Net - impressie 3Dstudio Prins.

HermitHouses.nl - woonpionier Daniel Venneman in collaboration with Mark van der Net.

Indigo - village impressie - door Woonpioniers - impressie 3Dstudio Prins.

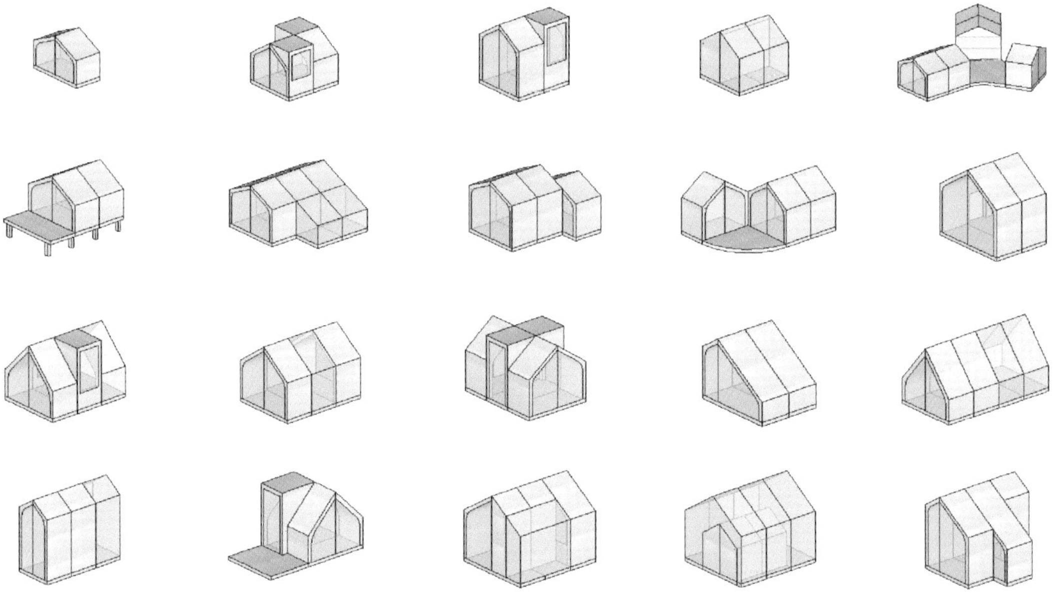

Indigo - possible variations - door Woonpioniers.

Indigo (interior - exterior) - impressie 3Dstudio Prins.

Koleliba

Architect:
Hristina Hristova
www.koleliba.com

Area: 102.2 sf (9.5 m^2)
Photos © DeyanTomov

The idea for this tiny vacation house was born out of our desire to stay away from the crowds and the concrete of the five stars beach resorts and spend time somewhere calmer and closer to nature instead. Our limited budget as a young family kept the idea of buying a plot and building on it distant and impossible. And by doing so we were just going to be part of the concrete army invading the sea side. So we opted for making our retreat on wheels. The restrictions defying the sizes of a vehicle that could freely go on the roads determined the size of our tiny home – 9 square meters. This was all we've got to make a functional vacation house. The limited space was a challenge but we managed to fit everything necessary without the unpleasant claustrophobic feeling of being stuck in a narrow place full of stuff. The standard height of 2,4 m at the ridge of the roof as well as the substantial glazing made this tiny project feel more like a spacious house. The light coming from the full height windows allowed the amazing sea view to become a dominant part in the interior. As the feel of the used materials were very important to us we chose to go with white oiled cladding and ply wood. This oil allowed the timber to breathe and kept the enchanting smell of freshly cut wood stay in the tiny house forever.

La idea de esta casa de vacaciones nació a partir de nuestro deseo de alejarnos de la multitud y el cemento de los grandes complejos turísticos y pasar algunos días en un sitio tranquilo y cerca de la naturaleza. Nuestro limitado presupuesto nos hizo considerar la idea de comprar un terreno y construir en él como algo lejano y prácticamente imposible. Por otra parte, haciendo eso, íbamos a formar parte del ejercito de cemento que está invadiendo la costa. Por lo tanto, decidimos pasar nuestra jubilación sobre ruedas. Las restricciones referentes al tamaño de un vehículo de este tipo para poder circular libremente por cualquier lugar hicieron que para poder disponer de una casa de vacaciones nos tuviésemos que conformar con 9 metros cuadrados. El limitado espacio del que disponíamos constituyó un verdadero desafío para poder colocar todas nuestras cosas sin tener la claustrofóbica sensación de estar metidos a presión en un sitio estrecho y lleno objetos. Los 2,40 metros de altura del techo en su parte más alta y las gran cantidad de superficies acristaladas aumentan la sensación de espacio, al mismo tiempo que permiten la entrada de luz y que la vista del mar parezca una continuación del interior. Como el material utilizado era algo importante para nosotros, decidimos utilizar madera contrachapada con un revestimiento de aceite blanco. El aceite permite respirar a la madera y al mismo tiempo suelta, permanentemente, una agradable fragancia a madera recién cortada.

As the main goal of this project was to make us spend more time outside and make up for the murky, rainy, winter days in the office we made the exterior a natural continuation of the interior. A big bench spanning across the main façade made enough space for our dear friends coming to visit. Under the canopy we spent long afternoons drinking chilled wine. And as the Bulgarian traditions demand often our afternoon wine turned into long dinners with sea food and light music. That's why we added accent exterior lighting as well as white panes to better reflect the light.

Como el objetivo principal de este proyecto era hacernos pasar más tiempo afuera y compensar los oscuros y lluviosos días de invierno en la oficina, hicimos del exterior una continuación natural del interior. Un gran banco que se extiende a lo largo de la fachada principal nos deja espacio suficiente para recibir a numerosos amigos. Bajo el toldo pasamos largas tardes bebiendo vino fresco y a menudo, siguiendo la tradición búlgara, esas tardes se transforman en largas cenas con pescado y música ligera. Por esa razón y con el objetivo de reflejar mejor la luz, añadimos paneles blancos.

1. Built in oven
2. Kitchen cabinet
3. Door to WC
4. Built in storage
5. Towel rail
6. Folding canopy
7. Full height glazing
8. Trailer

1. Horno incorporado
2. Cocina separada
3. Puerta para el WC
4. Compartimiento de almacenamiento
5. Toallero
6. Toldo plegable
7. Acristalamiento de altura completa
8. Remolque

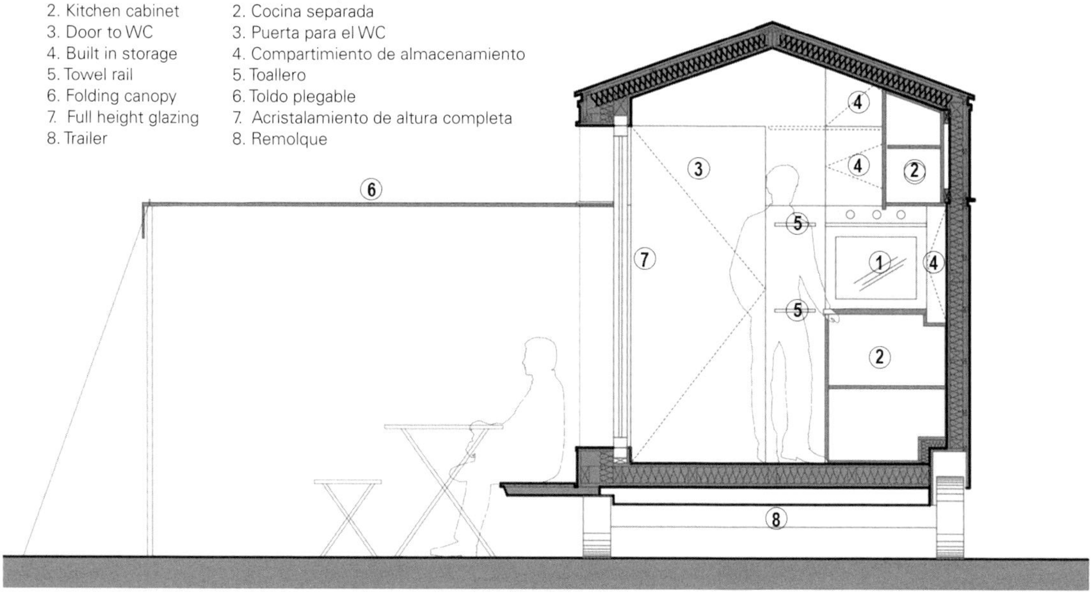

Section _ Sección

0m 0.3m 0.8m 1.0m

P 4067EX

P 4067EX

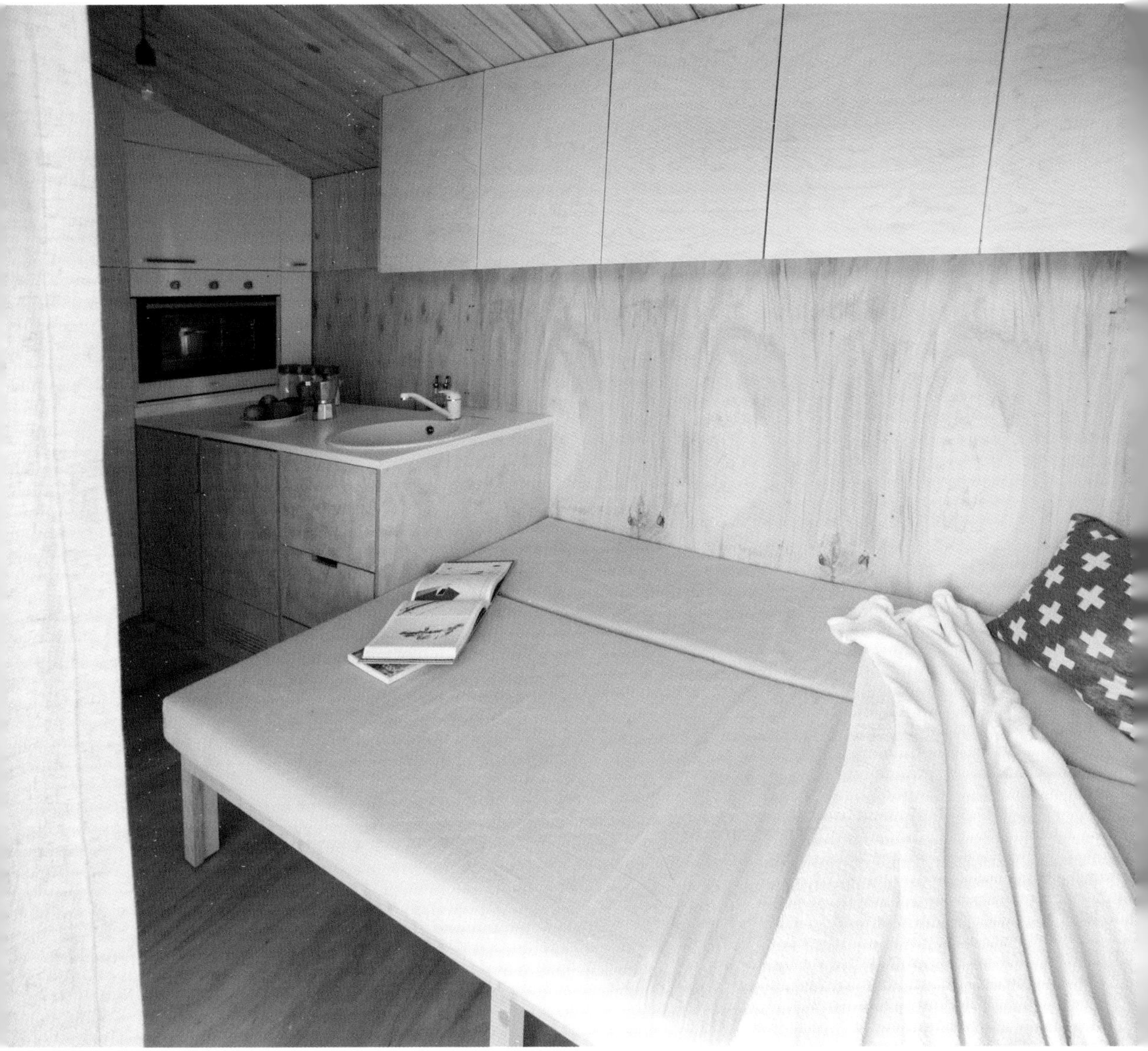

Koleliba as we called this tiny vacation house (koleliba – a made up word meaning a hut with wheels) is our response to the invading consumerism that encourages us to always want our homes bigger, better and unnecessary luxurious. It's a step back to a simpler life without excesses but full of free time, happy moments and friends that we often have to sacrifice in our never ending drive for asking more.

Koleliba, el nombre con el que bautizamos esta pequeña casa de vacaciones, significa cabaña sobre ruedas. Es nuestra respuesta a la actual tendencia consumista que nos empuja a querer cada vez casas más grandes, mejores e innecesariamente lujosas. Es un paso hacia una vida más simple, sin excesos, pero con mucho tiempo libre, pasando momentos felices con nuestros amigos. Cosas a las que muchas veces renunciamos en nuestra carrera sin fin hacia el más y más.

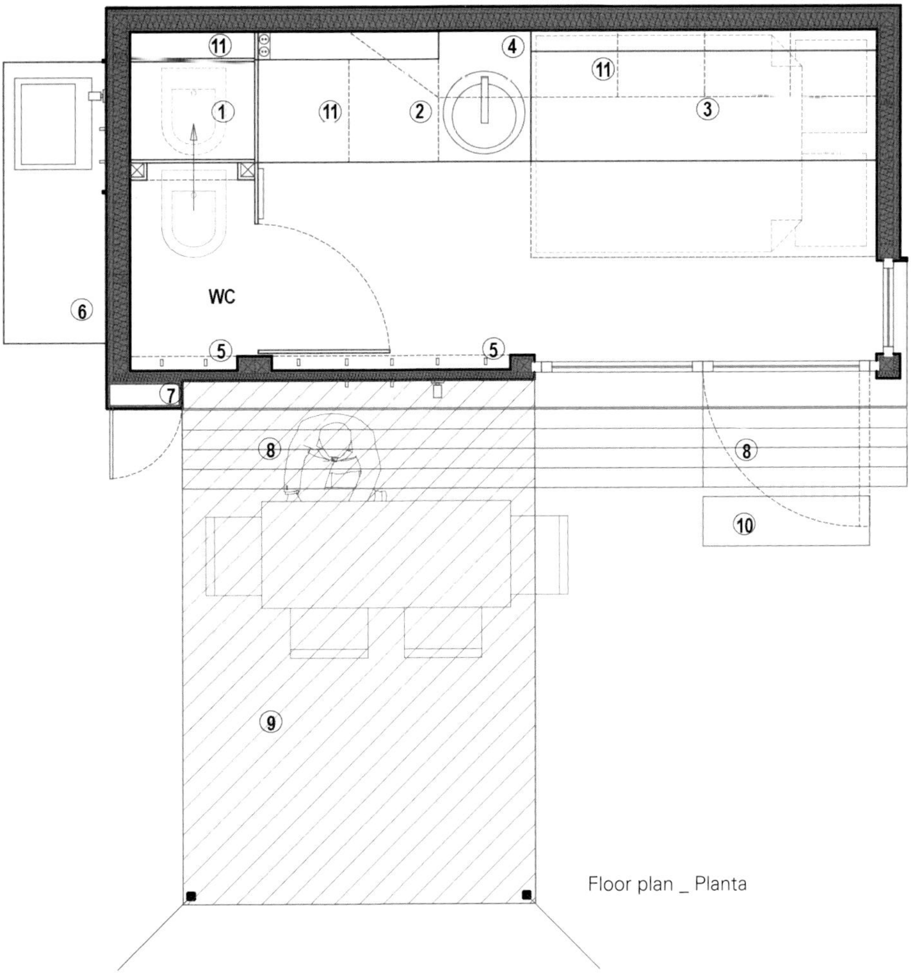

Floor plan _ Planta

1. Built in oven
2. Built fridge freezer
3. Sofa / Double bed
4. Built in boiler
5. Hooks
6. Outdoor kitchen
7. Exterior cupboard
8. Removable bench
9. Canopy
10. Step / Tool box
11. Storage space

1. Horno incorporado
2. Frigorífico y congelador
3. Sofá / Cama doble
4. Calentador incorporado
5. Ganchos
6. Cocina exterior
7. Armario exterior
8. Banco portátil
9. Toldo
10. Escalón / Caja de herramientas
11. Espacio de almacenamiento

Toybox Tiny Home

Healthy Humble Homes
Project Designer: **Paul Schultz**
Client and building partner: Frank Henderson
www.toyboxtinyhome.com
www.healthyhumblehomes.com

Size: 140 sf (13 m^2)
Photos © Mieke Zuiderweg

The Toybox Home combines modern design compositional forms with a simple material palette to express a whimsical concept: a home is a place of peace, simplicity, happiness and recreation. The Toybox Tiny Home is a prototype model. Intellectual property protection has been secured and the home will go to market in 2017. Shipping overseas is possible. The cost will vary from country to country.
Standard home construction methods were employed in the design prototype. Stud framing methods were used to build the prototype, but structural insulated panels and other panel home systems are being considered for quick, efficient and economical manufacturing.

La casa Toybox Home combina formas composicionales de diseño moderno con una gama de materiales sencilla para expresar un concepto caprichoso: un hogar es un espacio de paz, de sencillez, felicidad y recreación. Toybox Tiny Home es un modelo prototipo. Se ha garantizado la protección de la propiedad intelectual y la casa llegará al mercado en 2017. El transporte marítimo es posible. El coste variará según los países.
Se emplearon métodos de construcción estándar en el diseño del prototipo. Se utilizaron métodos de enmarcado con bastidores para construirlo, pero se están considerando paneles de aislamiento y otros sistemas de casa de paneles para una fabricación rápida, eficiente y económica.

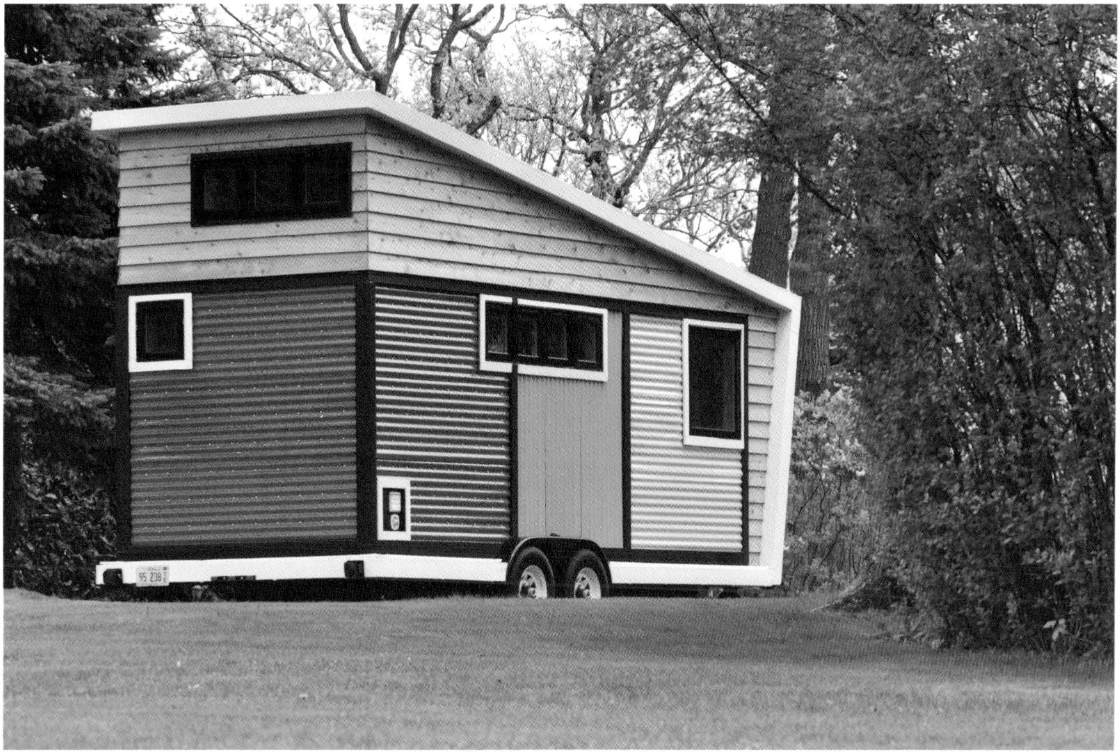

A white, energy efficient, thermoplastic roof plane (TPO) and painted cedar base wrap three colorful corrugated fiberglass cubes and natural cedar siding to create the basic composition of the home.
The painted cedar base holds a planter that outlines the trailer of the house. Gray water from the house's sinks can be plumbed to irrigate the planter.
A large sliding glass door and an assortment of square awning windows accentuate the facade allowing ample natural day-lighting and ventilation.

Un techo plano de termoplástico blanco, energéticamente eficiente (TPO) y base de cedro pintada envuelven tres cubos de fibra de vidrio de colores y revestimiento de cedro natural para crear la composición básica de la casa.
La base de cedro pintada sostiene un macetero que delinea el tráiler de la casa. El agua gris de los fregaderos puede ser canalizada para regarlo.
Una gran puerta de cristal corredera y un surtido de toldos de ventana cuadrados acentúan la fachada permitiendo una iluminación natural abundante y ventilación.

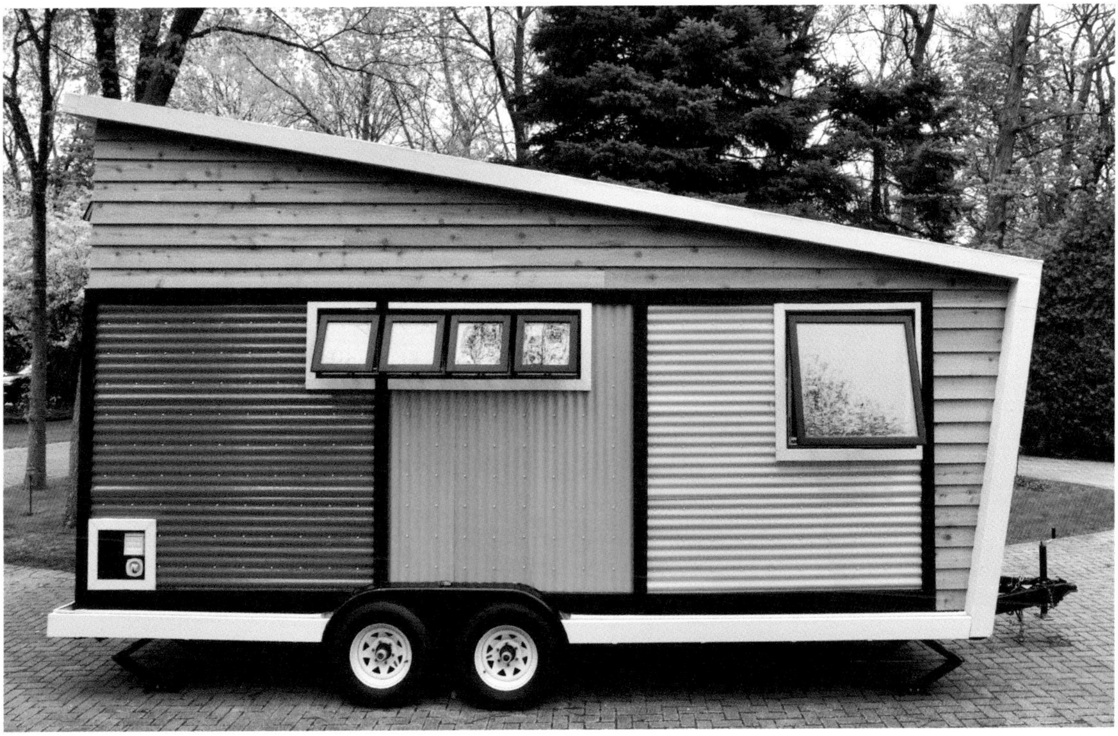

The largest area (7'x 9') of The Toybox Home interior allows for the most versatility. When not forming a comfortable sofa, the eight storage cubes slide on the finished plywood floor to quickly transform the space.

El área mayor (7'x 9') del interior de la Toybox Home permite la mayor versatilidad posible. Cuando no está formando un confortable sofá, los ocho cubos de almacenado se deslizan sobre suelo de acabado en contrachapado para transformar el espacio rápidamente.

A finished plywood surface wraps the sloped ceiling, wall and floor of the home's interior. Blown in blanket (BIBs) insulation, radiant floor heating and natural ventilation (cross and stack) keep inhabitants comfortable year-round. Hidden LED strips and outlets located throughout the home provide lighting and power.

Una superficie de contrachapado envuelve el techo en pendiente, muro y suelo del interior de la casa. Aislamiento de relleno inyectado (BIBs), calefacción de suelo radiante y ventilación natural (cruzada y apilada) mantiene a los habitantes cómodos a durante todo el año. Franjas de LED escondidas y tomas a lo largo de la casa proporcionan luz y electricidad.

A stainless steel counter (2'x7') and painted base cabinet maximize space while housing the functional elements needed to prepare meals. A cylindrical stainless steel sink (18"dia.) and low-flow marine faucet allow food preparation and dish washing. Larger appliances such as an under-counter 3.2 cf. refrigerator, 2.5 cf. freezer, toaster oven or convection microwave plug into additional outlets on the backside of the base cabinet. Compact appliances such as induction burners, coffee pots and toasters plug into one of the duplex outlets concealed under the kitchen food box shelf. When not in use, these appliances stow neatly on the adjustable shelves of the base cabinet or pantry wall. A hidden pantry wall provides additional kitchen storage while maintaining a minimalist expression. In addition, the wall houses the electrical panel and thermostat for the radiant floor heating.

Una encimera de acero inoxidable (2'x7') y un armario bajo pintado maximizan el espacio y guardan los elementos necesarios para cocinar. Un fregadero cilíndrico de acero inoxidable (18" diámetro) y un grifo marino de bajo caudal permiten la preparación de comidas y el lavado de platos. Electrodomésticos grandes como la nevera bajo la encimera de 3'2 cf., el congelador de 2'5 cf., horno tostador o microondas de convención enchufado en las tomas adicionales en la parte de detrás de la base del armario. Electrodomésticos más compactos como placas de inducción, cafeteras y tostadores se conectan a una de las tomas dobles ocultas debajo de estantería de la cocina. Cuando no se usan se guardan ordenadamente en las estanterías ajustables en la base del armario o en el muro despensa. Un muro de despensa oculto proporciona almacenado adicional a la cocina mientras que mantiene la expresión minimalista. Además, el muro aloja el panel eléctrico y el termostato para la calefacción de suelo radiante.

The area dedicated to the bathroom (4'x5') provides room for a sink, shower and toilet (toilet under the window not installed based on it being a user preference). A bright LED strip down-lights the 28" square mirror and stainless steel counter top. A low-flow marine faucet pulls out and clips on the wall, transforming into a shower head. A closet (2x4) tucks behind the shower wall and holds a 20 gallon water heater while providing generous space for clothes and other closet essentials.

El área dedicada al baño (4'x5') ofrece espacio para lavabo, ducha e inodoro (el inodoro bajo la ventana no está instalado ya que se considera una preferencia del usuario). Una franja de potentes LEDs ilumina el espejo cuadrado de 28" y la encimera de acero inoxidable. Un grifo marino de ahorro de agua sobresale y se sujeta en el muro, transformándose en una alcachofa de ducha. Un armario (2x4) se pliega dentro del muro de ducha y soporta un calentador de agua de 75 litros mientras proporciona un generoso espacio para ropa y otros enseres de armario esenciales.

Isidore

Architects:
Getaway House, INC
www.getaway.house

Founder/CEO:
Jon Staff (Harvard Business School)

Co-Founder:
Pete Davis (Harvard Law School)

Headquarters:
Brooklyn, NY, USA

Area: 200 sf (18.5 m^2)

Plan and elevation:
Emily Margulies

Photos © Roderick Aichinger

Near enough to rail lines for easy transport; far enough to experience a complete escape. Designed to be our most easily accessible cabin, the Isidore awaits you in beautiful upstate New York. Perfect for group vacations, breaking up the routine, and knitting up a storm. Sleeps up to four with modern amenities. Expect lazy mornings, inspiring surroundings, and ease of accessibility.
In April 2016, after six months of widespread press coverage, hundreds of emails from enthusiastic fans and diverse investor support, Getaway began its expansion to a second city: New York. Getaway is a startup borne out of a passion for real change in the housing industry. In late 2014, Jon and Pete Davis started a conversation with fellow Harvard Business, Law and Design school students about developing fresh housing ideas for a new generation. The ongoing conversation covered all sides of the housing experience: architecture, neighborhood design, financing, regulation and community-building.

Cerca de la línea ferroviaria para un fácil traslado y lo suficiente lejos para experimentar una escapada completa. Diseñada para ser una de nuestras cabañas más accesibles, la Isidore te espera en el precioso Nueva York Norte. Perfecta para vacaciones en grupo, para romper la rutina y sortear una tormenta. Para dormir hasta cuatro personas con modernas comodidades. Puedes disfrutar mañanas perezosas, entorno inspirador y facilidad de acceso.
En abril de 2016, después de seis meses de extensa cobertura periodística, cientos de emails de fans entusiastas y de diversos apoyos financieros, Getaway empezó su expansión en una segunda ciudad: Nueva York. En sus inicios, Getaway nació de la pasión por un cambio real en la industria de la construcción. A finales de 2014, Jon Staff y Pete Davis empezaron conversaciones con sus compañeros estudiantes de facultades de negocios, derecho y diseño sobre cómo desarrollar ideas nuevas de construcción de hogares para una nueva generación. El tema cubría todos los aspectos de la experiencia del alojamiento: arquitectura, diseño de vecindarios, financiación, regulación y construcción de una comunidad.

getaway
ISIDORE

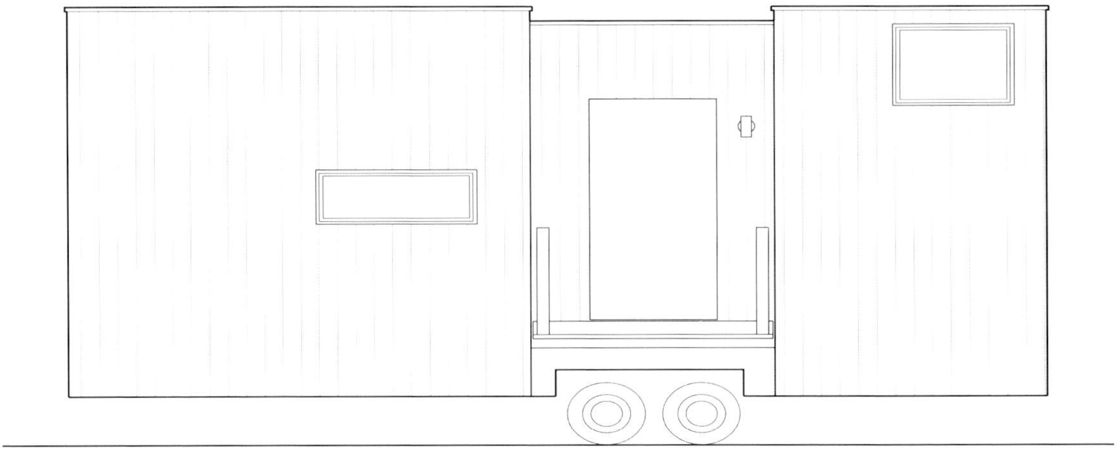

Elevation _ Alzado

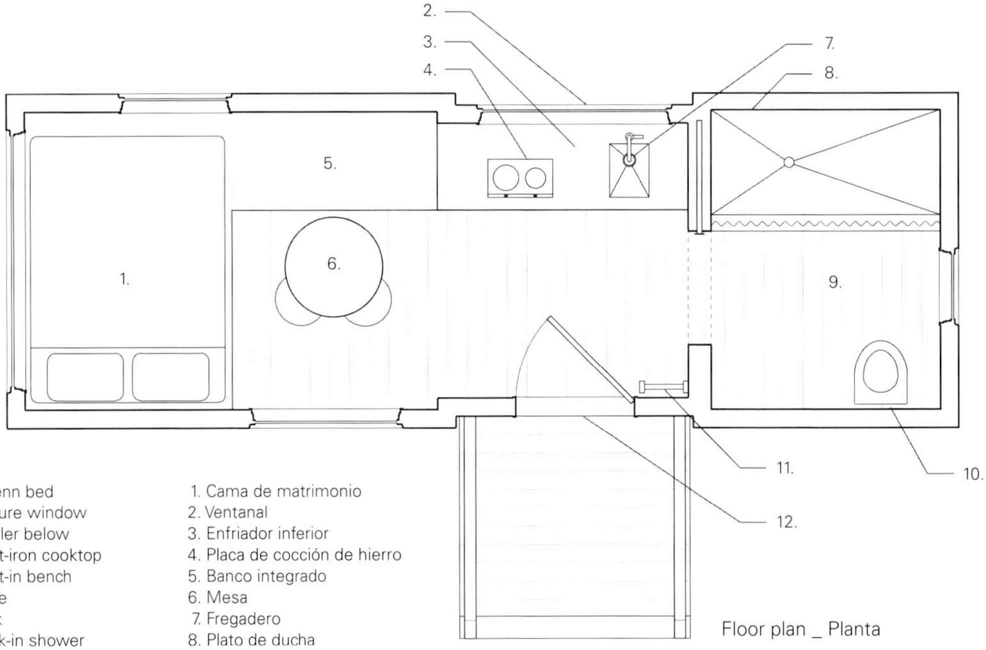

Floor plan _ Planta

1. Quenn bed
2. Picture window
3. Cooler below
4. Cast-iron cooktop
5. Built-in bench
6. Table
7. Sink
8. Walk-in shower
9. Bathroom
10. Electric toilet
11. Ladder to loft bed above
12. Entry

1. Cama de matrimonio
2. Ventanal
3. Enfriador inferior
4. Placa de cocción de hierro
5. Banco integrado
6. Mesa
7. Fregadero
8. Plato de ducha
9. Baño
10. Inodoro eléctrico
11. Escalera a la cama del loft
12. Entrada

Cabin Porn

Maisie

Architects:
Getaway House, INC
www.getaway.house

Founder/CEO:
Jon Staff (Harvard Business School)

Co-Founder:
Pete Davis (Harvard Law School)

Headquarters:
Brooklyn, NY, USA

Area: 200 sf (18.5 m^2)

Plan and elevation: Emily Margulies

Photos © Roderick Aichinger
Ball and Albanese

Near enough to rail lines for easy transport; far enough to experience a complete escape. Designed to be a whimsical hangout in peaceful woods, the Maisie awaits you in beautiful upstate New York.
Harvard Graduate School of Design student Emily Margulies has lead the project of updating our Boston designs to produce three New York designs that keep the spirit of the Ovida, Lorraine and Clara designs, while nevertheless iterating them based on learnings from the past year.

Lo suficientemente cerca de la línea de tren para un fácil acceso; lo bastante alejada para experimentar una escapada completa. Diseñada para una caprichosa escapada al sereno bosque, la Maisie te espera en el precioso Nueva York Norte.
La estudiante graduada de la Escuela de Diseño de Harvard, Emily Margulies, ha liderado el proyecto de actualizar nuestros diseños de Boston para producir tres diseños de Nueva York que mantengan el espíritu de los diseños de las cabañas Ovida, Lorraine y Clara, mientras que a la vez los reiteran, basados en lo aprendido del año anterior.

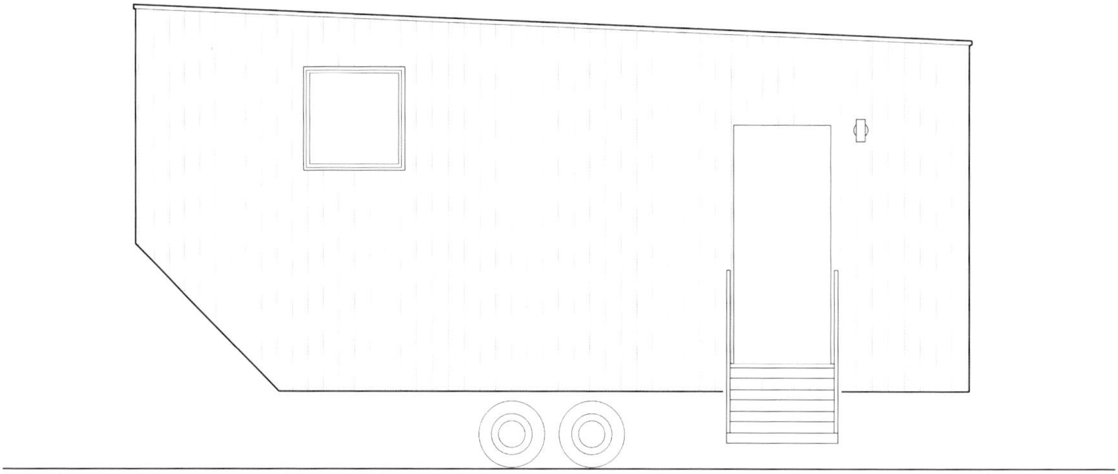

Elevation _ Alzado

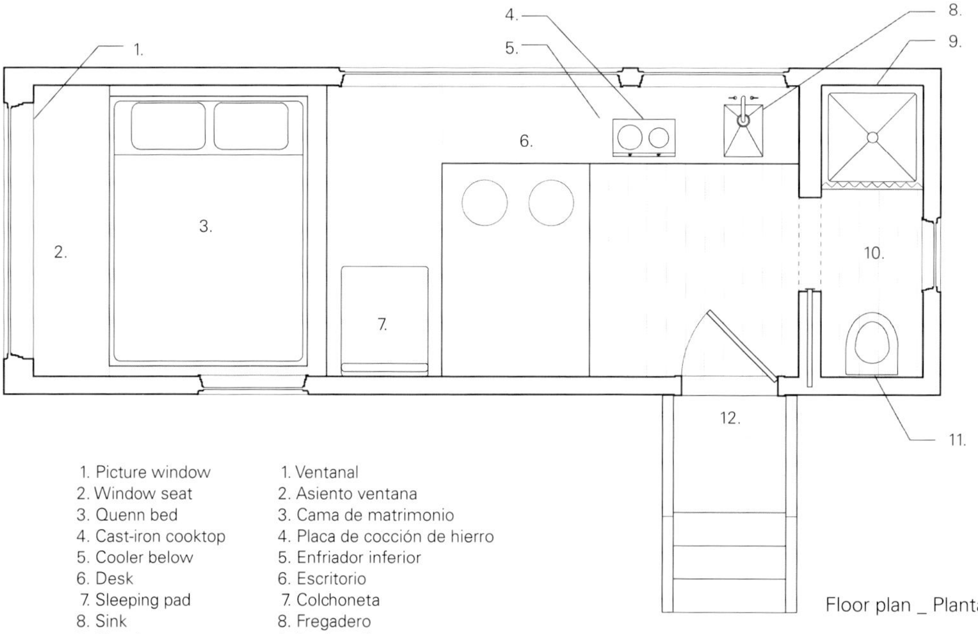

1. Picture window
2. Window seat
3. Quenn bed
4. Cast-iron cooktop
5. Cooler below
6. Desk
7. Sleeping pad
8. Sink
9. Hot shower
10. Bathroom
11. Electric toilet
12. Entry

1. Ventanal
2. Asiento ventana
3. Cama de matrimonio
4. Placa de cocción de hierro
5. Enfriador inferior
6. Escritorio
7. Colchoneta
8. Fregadero
9. Ducha caliente
10. Baño
11. Inodoro eléctrico
12. Entrada

Floor plan _ Planta

BOOM
CHICK
POP
Cellphone
Lockbox

MEYER'S
MEYER'S
DISH SOAP

Simple Home

Architect:
Gerhard Feldbacher
www.gerhardfeldbacher.com

Area: 200 sf (18.55 m^2)
Photos © Gerhard Feldbacher

The Simple Home is a tiny house designed by Austrian architect Gerhard Feldbacher. What makes it unique is the fact that it stands on four legs about one meter above the ground. This is the main characteristic of the swap body transportation system. What makes the swap body interesting for a mobile house is the fact that the built-up could be constructed in a totally free way. Hence, the Simple Home is built by the implementation of modern woodwork technologies based on cross-laminated wood. A single wall or roof is coming as one piece of timber (5 layers, 10 cm). The main body consists of only 8 pieces and the construction took just about 4 hours to be completed. Therefore the wooden house is very sustainable with good insulation values. To expand the space there is one or two expandable sleeping berths and a terrace which can be flipped open. The Simple Home is designed as a getaway in nature, but it has also been used for several festivals in urban spaces like the Ars Electronica in Linz.

La Simple Home es una diminuta casa diseñada por el arquitecto austríaco Gerhard Feldbacher. Lo que la hace única es el hecho de que se sostiene sobre cuatro patas un metro sobre el suelo. Esta es la característica principal del sistema de transporte de cajas móviles intercambiables. Lo que hace el contenedor intercambiable interesante para una casa móvil es el hecho de que el montaje podría ser realizado de una forma totalmente libre. Por ello, la casa Simple Home está construida por la aplicación de modernas tecnologías de carpintería, basadas en madera de láminas cruzadas. Un solo techo o muro viene como una sola pieza de madera (5 capas, 10 cm). El cuerpo principal consiste solamente en 8 piezas y la construcción solo lleva 4 horas para completarse. Por lo tanto, la casa de madera es muy sostenible y tiene buenos valores de aislamiento. Para expandir el espacio hay una o dos literas extensibles y una terraza que se puede desplegar para abrirla. La Simple Home está diseñada como una puerta a la naturaleza, pero también ha sido usada para varios festivales en espacios urbanos como el Ars Electronica en Linz.

The swap body works like a backpack which is just picked up or dropped off by the truck. Therefore it can be easily moved from A to B.
On the right hand side you can see a schematic view showing the loading process.
1. Delivery by truck
2. Flipping down the legs
3. Truck lowers and drives away
4. Expanding sleeping berth, terrace & stairs (see page 80)

La caja móvil funciona como una mochila que es agarrada o soltada por el camión. Por lo tanto puede ser movida fácilmente de A a B.
A la derecha se puede ver un esquema que muestra el proceso de carga.
1. Entrega por parte del camión
2. Voltear las patas
3. El camión la desciende y se marcha
4. Extensión de la litera, terraza y escaleras (ver página 80)

1

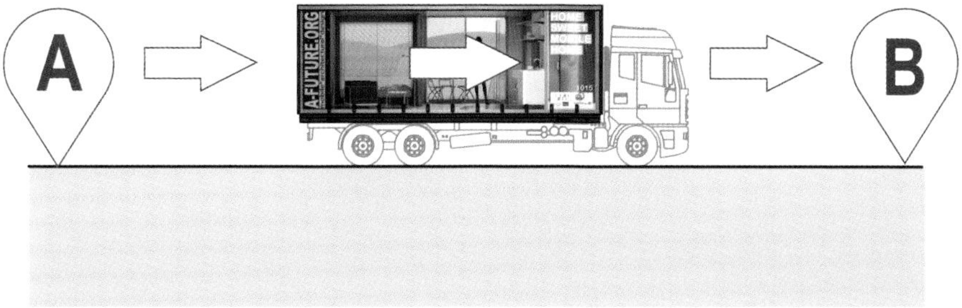

2

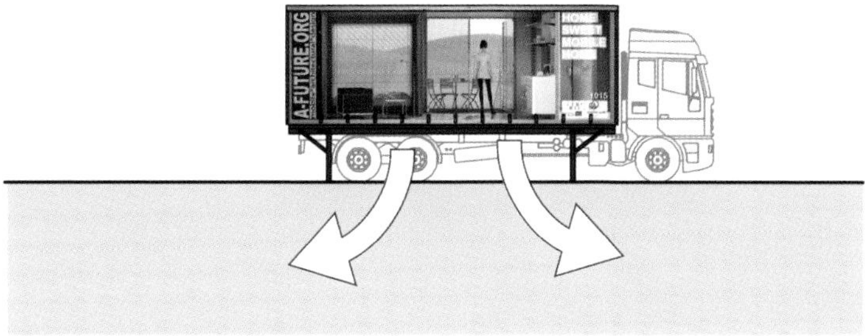

3

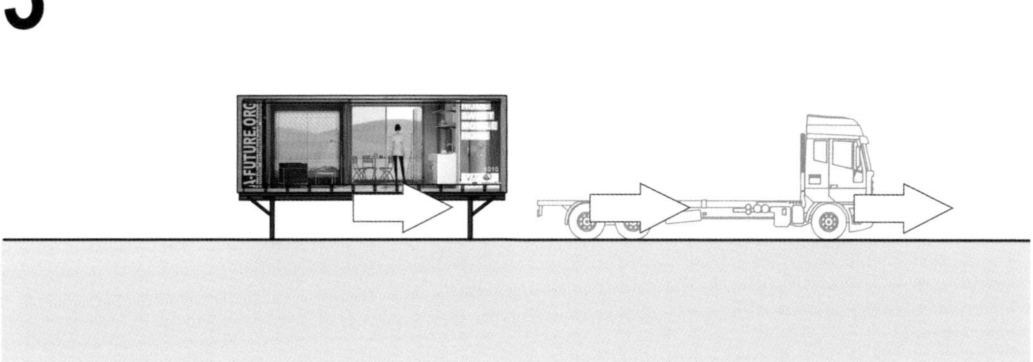

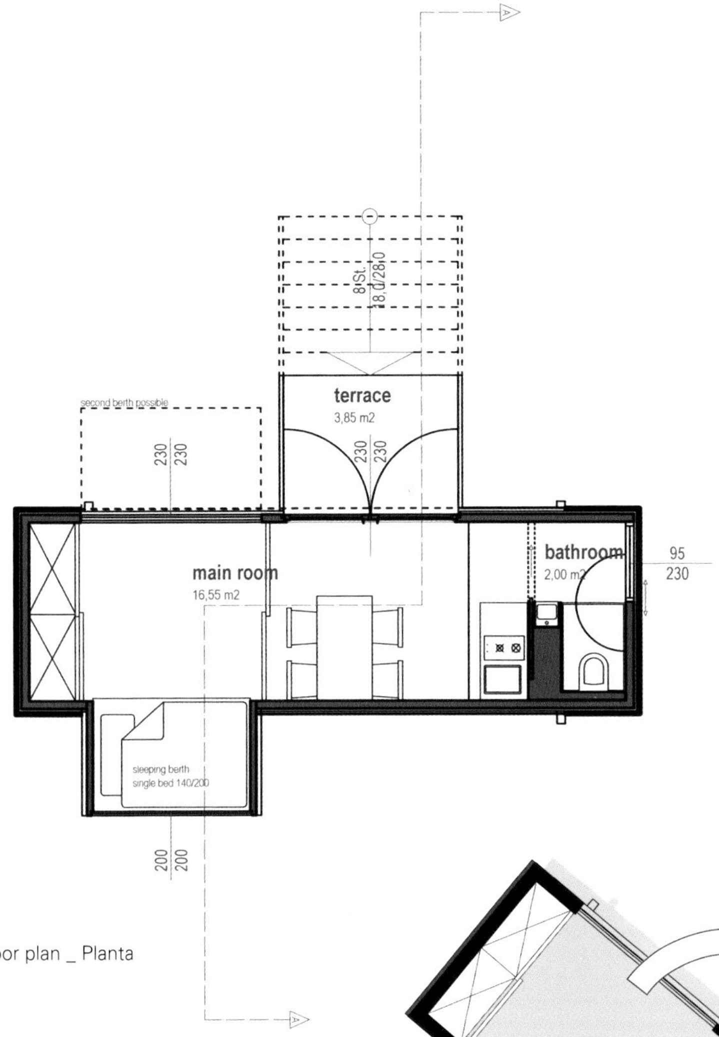

Floor plan _ Planta

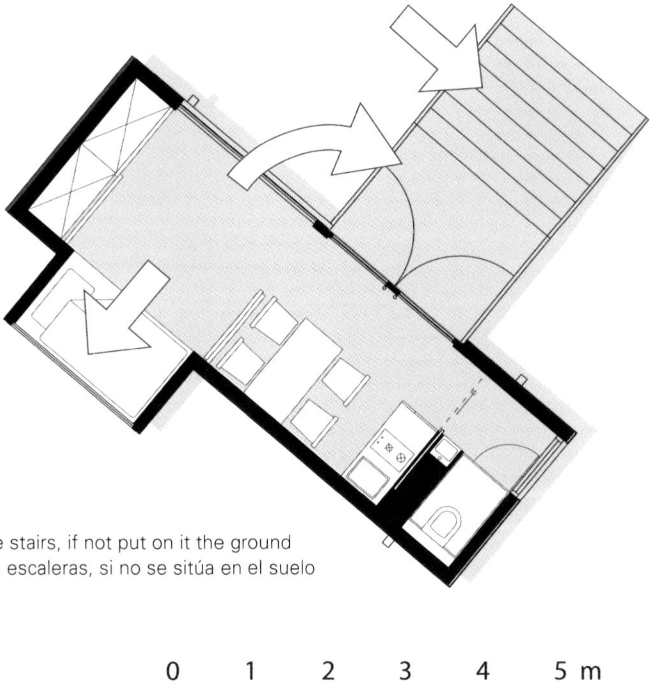

Attaching the stairs, if not put on it the ground
Fijación de la escaleras, si no se sitúa en el suelo

0 1 2 3 4 5 m

The interior is maintained in a very simple manner. Wherever possible, functions are being combined to obtain an open and functional space. To expand the interior even further, huge openings turns the surroundings into part of the interior. To obtain some privacy as well as to protect from sunlight, the outside curtains can be closed. These curtains are also derived by the swap body system and can be printed for particular purposes.

El mantenimiento interior es sencillo. Siempre que sea posible, las funciones se combinan para obtener un espacio abierto y funcional. Para ampliar el interior hacia fuera, enormes aperturas hacen que el entorno se convierta en una parte del interior. Para conseguir cierta privacidad, así como para protegerse de la luz solar, las cortinas exteriores pueden cerrarse. Estas cortinas también provienen del sistema de caja móvil, y pueden ser impresas para personalizarlas.

Section A-A _ Sección A-A

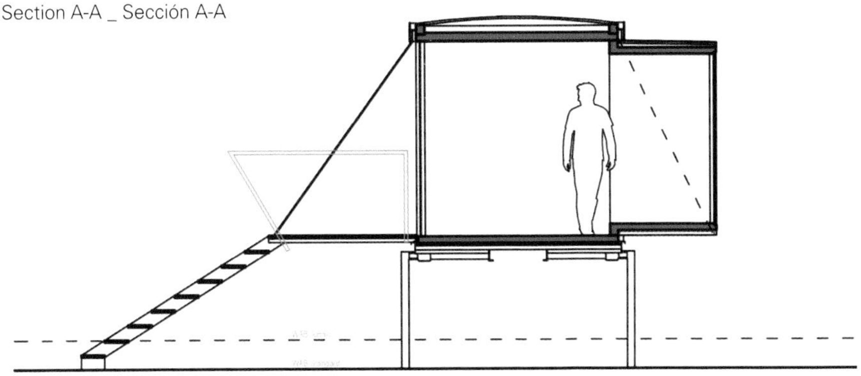

Transported as a swap-body (loading directly by the truck)
Transportado como una caja móvil (cargado directamente por el camión)

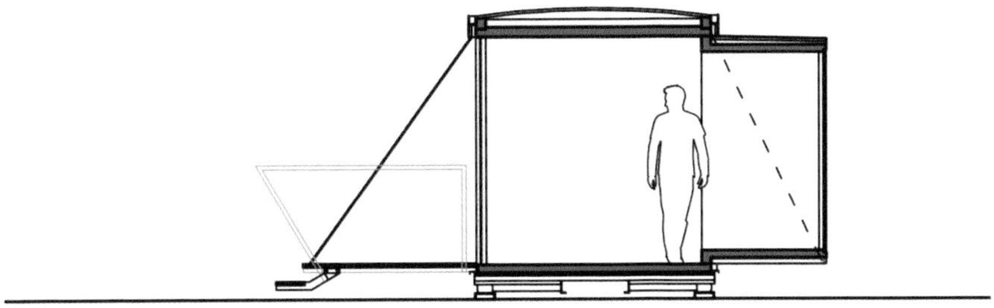

Set on ground (crane needed)
Emplazado en la planta (grúa necesaria)

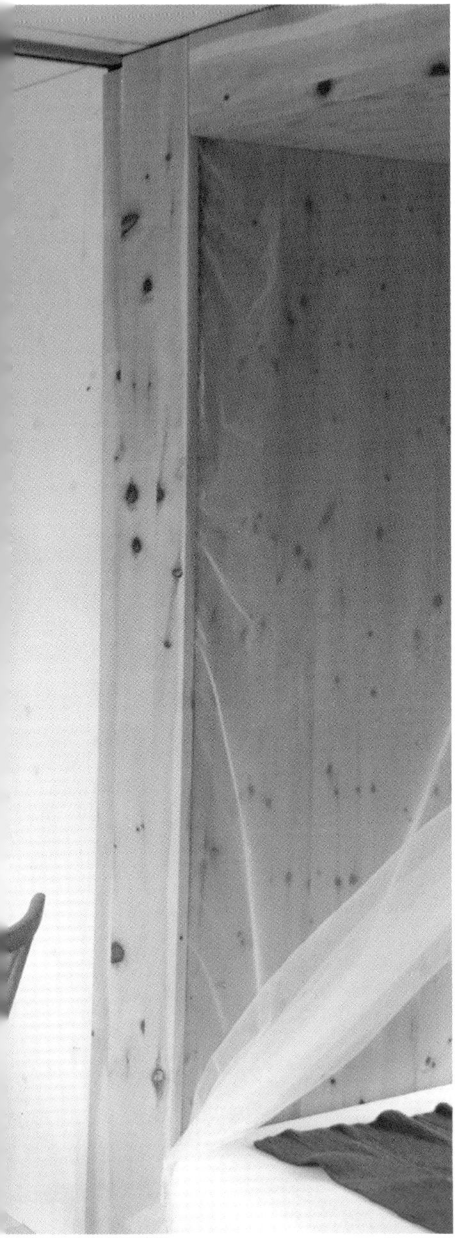

hOMe Tiny House

Andrew & Gabriella Morrison
tinyhousebuild.com

Size: 8'6" x 13'6" x 28'
Photos © Gabriella Morrison

hOMe, a modern tiny house on wheels, offers tiny house living without compromise. With everything from a full sized kitchen with conventionally sized appliances, a comfortable set of stairs to the master bedroom, copious amounts of storage throughout, space for a home office for two, storage that works double duty as furniture, and ample head room in the lofts, to a functional bathroom with room for a conventionally sized sink, shower and toilet, hOMe is a comfortable residence suited for full time living. The tiny house plans provide you with the information to build your own hOMe.

Andrew Morrison has been a professional builder for 20 years and has been teaching people how to build their own homes in his hands on workshops since 2004. In that time he has personally taught over 1,400 participants how to hand craft their own homes and has seen again and again that anyone with passion and perseverance can build theirs too. Andrew and his wife, Gabriella, are the creators of "hOMe", the 207 SF (+110 SF in lofts) modern tiny house on wheels. The goal is to empower you with the very best information, tools, and resources so that you can achieve your tiny house dreams in the least time possible, at the lowest cost.

"hOMe", una mini casa moderna sobre ruedas, ofrece vivir en una casa diminuta sin compromisos. Con todo, desde una cocina completa con electrodomésticos de tamaño convencional, un cómodo set de escaleras al dormitorio principal, abundantes espacios de almacenamiento por toda ella, espacio para un despacho o dos, almacenamiento con función doble como mobiliario, amplio espacio superior en los altillos, así como un baño funcional con espacio para un lavabo, ducha e inodoro de tamaño convencional, hOMe es una residencia confortable apropiada para vivir a tiempo completo. Los planos de la mini casa proporcionan información para construir cada uno su propia "hOMe".

Andrew Morrison ha sido un constructor profesional durante 20 años y ha enseñado a la gente como construir sus propias casas con sus manos en talleres desde el 2014. Durante ese tiempo ha enseñado personalmente a más de 1.400 participantes como hacer su propia casa a mano y ha visto una y otra vez que cualquiera con pasión y perseverancia también puede construir la suya. Andrew y su esposa, Gabriella, son los creadores de "hOMe", las diminutas casas sobre ruedas de 19,2 m^2 (+10,2 m^2 en altillos). El objetivo es facultar al usuario con la mejor información, herramientas y recursos para que pueda conseguir su mini casa soñada en el menor tiempo posible, y con el menor coste.

M

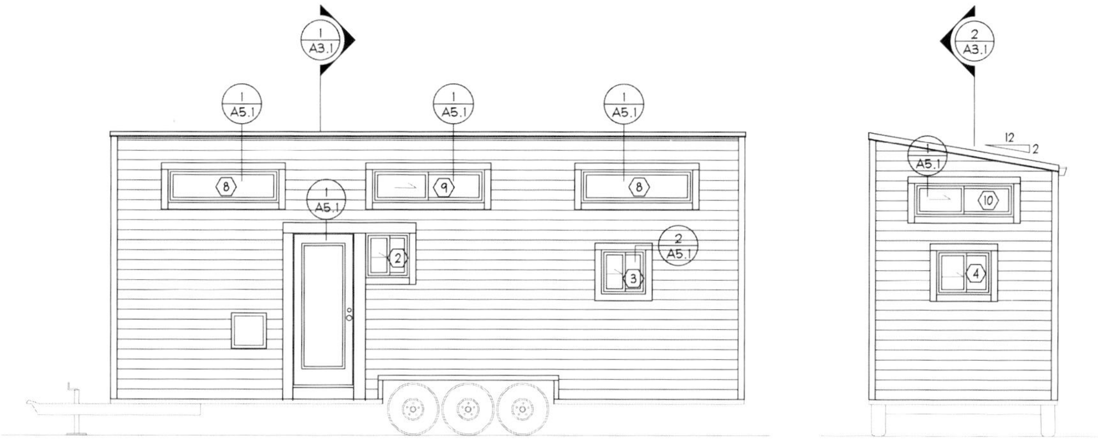

Left and rear elevation _ Alzado izquierdo y posterior

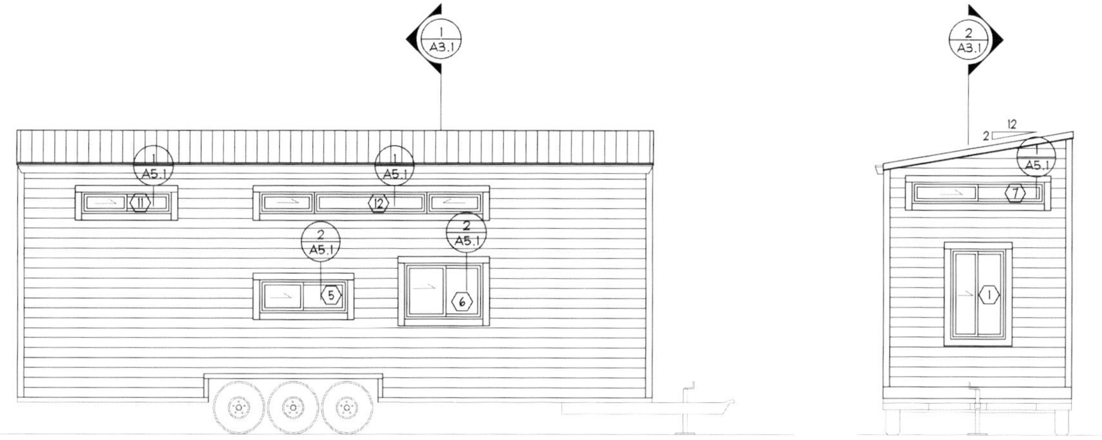

Right and front elevation _ Alzado derecho y frontal

Palute

House Z Huis

Wishbone Tiny Homes:
Teal Brown, Gerry Brown
www.wishbonetinyhomes.com

Size: 8″x 24″ (19 m^2)
Photos ©Teal Brown

This tiny home on wheels is 8′x 24′ and features a unique exterior finish, solar PV (1 KW PV system with battery backup), a study loft accessible by climbing wall, custom shower, washer/dryer, and off grid water tank.
Z Huis features two sleeping lofts, one of which is accessed by climbing a rock wall. When the client collaborated with Wishbone Tiny Homes to build the home, they said they wanted it to reflect their outdoorsy lifestyle (hence the climbing wall).
Storage has been incorporated into every nook and cranny available, like the dog crate found under the stairs. The combination of fun elements and function can be found in every room.
The first floor of the unit contains a sunken living area, a generous kitchen, and a bathroom. Lighting doesn't seem to be a problem thanks to a number of relatively small but well placed windows. Given their preferences for a low-carbon lifestyle and an off-grid home, they've installed LED lighting throughout.

Esta diminuta casa sobre ruedas tiene 8′ x 24′ y muestra un acabado exterior único, energía solar fotovoltaica (sistema con batería de reserva de 1 KW), un altillo estudio accesible a través de un muro de escalada, ducha personalizada, lavadora / secadora, y un tanque de agua desconectado de la red.
Z Huis presenta dos altillos dormitorio, uno de los cuales es accesible subiendo un muro de escalada. Cuando el cliente colaboró con Wishbone Tiny Homes para construir la casa, dijeron que querían que reflejase su estilo de vida al aire libre (de ahí el muro de escalada).
El almacenamiento se ha incorporado en cada rincón disponible, como la casa para el perro debajo de las escaleras. La combinación de elementos divertidos y funcionales pueden encontrarse en cada habitación.
El primer piso de la unidad contiene una sala de estar a un nivel más bajo, una generosa cocina y un baño. La iluminación no es un problema gracias al número de ventanas relativamente pequeñas, pero que están bien situadas. Dadas sus preferencias por un bajo consumo de CO_2 y al ser una casa independiente de la red, los clientes han instalado luces de LED en toda ella.

The home is clad in Hardie Panels (cement-based siding material) that got a paint process that creates the rusty metal look. The interior panels are printed in plywood, and the floor is in dark woods. Wallpaper of geometric colorful stripes can be found in the bedroom areas and the kitchen.

La casa está cubierta de paneles "Hardie" (material de revestimiento hecho de cemento) que tienen un proceso de pintura que crea una apariencia de metal oxidado. Los paneles interiores están estampados en contrachapado y el suelo es de maderas oscuras. Se puede encontrar papel de pared en coloridas franjas geométricas en el área de los dormitorios y en la cocina.

Elevation _ Alzado

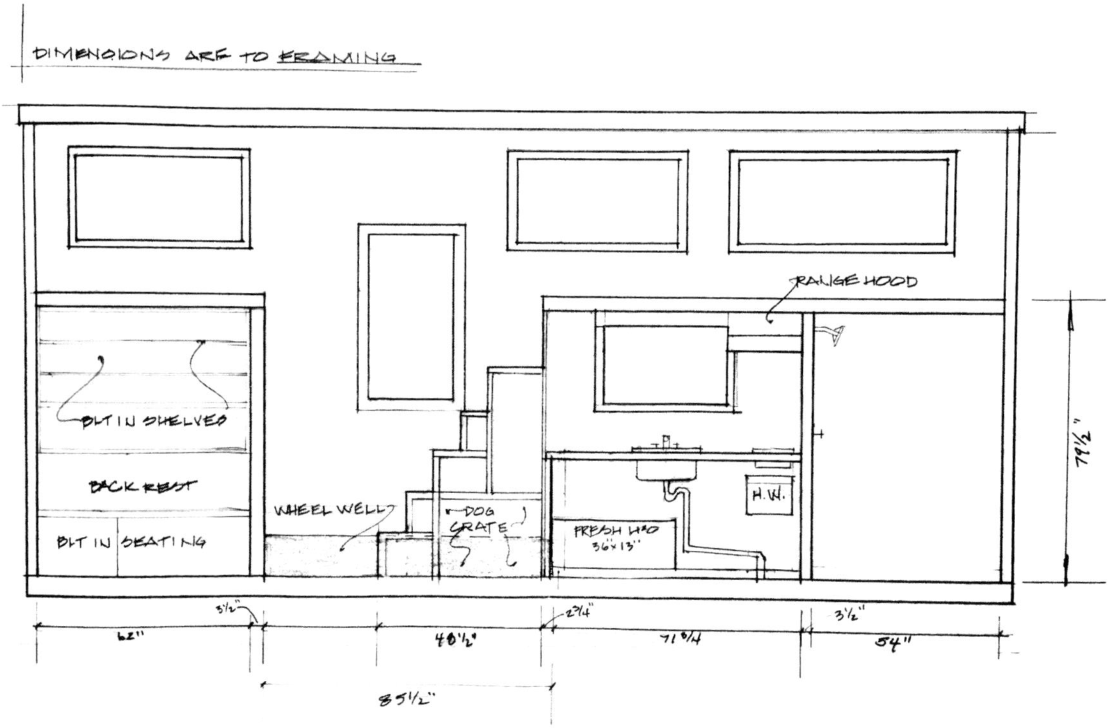

Kitchen elevation _ Alzado cocina

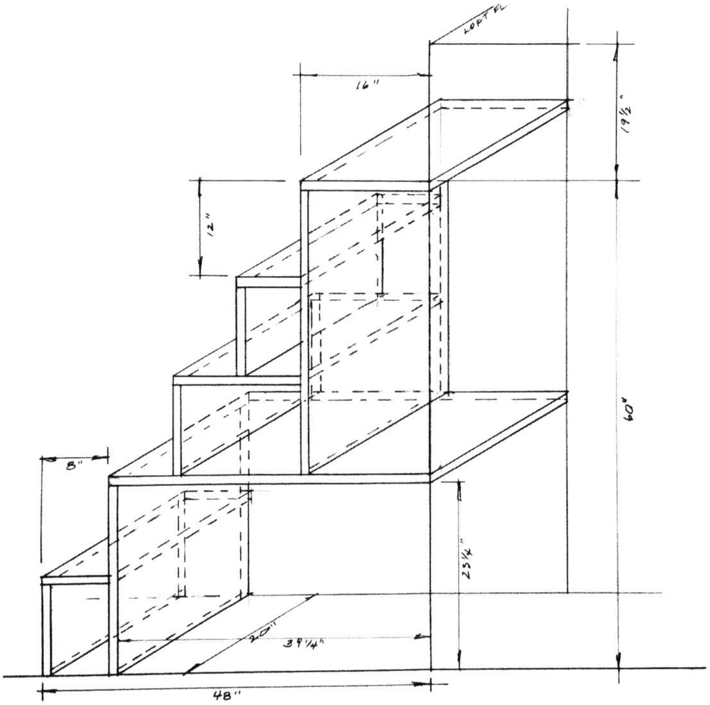

Stairs _ Escaleras

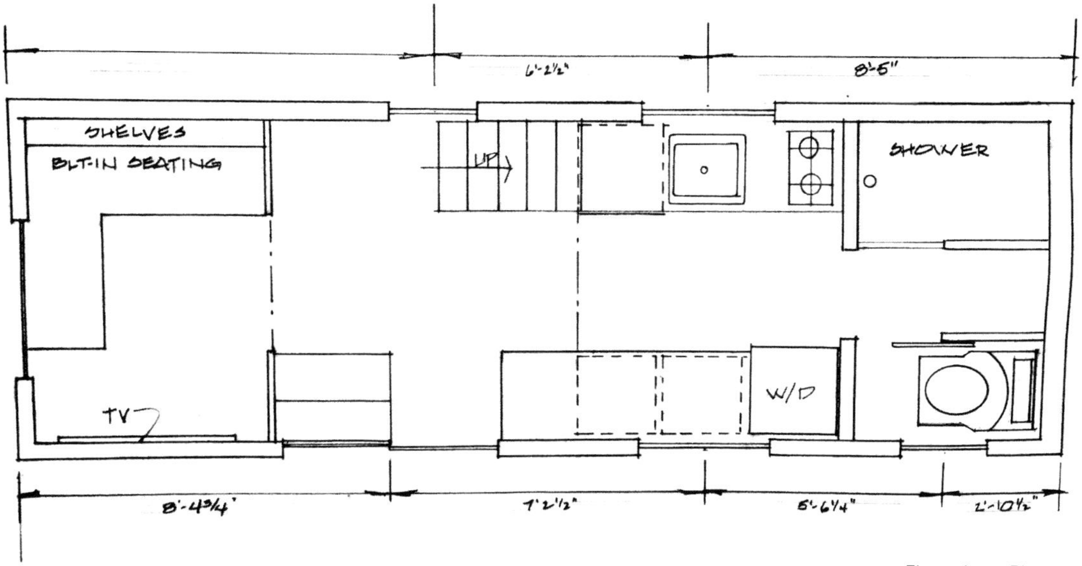

Floor plan _ Planta

The Cobby

The Little Cabin Company
Rachel Cline, Jude Smith, Steve Whelan, Ian Larsen
thelittlecabincompany.com

"We brought the popular idea of Glamping from Europe with us and wanted to create a pod/cabin suitable for the Canadian environment. We partnered with Steve and Ian who own a long established construction company. They aided us in the design and construction and we formed a business together. Launched our first design the 'Cobby' in May 2016."
The cabins can be a backyard office, spare bedroom, yoga studio or massage space, child's playroom and mainly as a glamping cabin on land in stunning locations. They are constructed in a little town called Fernie, in the BC mountains, in Canada and we use all Canadian sourced products. We aim to be energy efficient whilst maintaining a beautiful design. The cabins come fully wired for north american power 120volt. Each cabin is built to exceed current BC and National Building Code of Canada standards and is fully insulated and airtight to withstand the climatic extremes in western Canada. Is a tiny house that can be used as a spare room, a studio or office, playroom, cosy retreat or as holiday accommodation, a cabin is sure to suit.

"Trajimos la popular idea de Glamping de Europa con nosotros y queríamos crear una cabaña apropiada para el medioambiente canadiense. Nos asociamos con Steve e Ian, quienes tienen una compañía de construcción establecida desde hace mucho. Nos ayudaron con el diseño y construcción y formamos un negocio juntos. Lanzamos nuestro primer diseño, 'The Cobby' en mayo de 2016."
Las cabañas pueden ser una oficina de jardín, una habitación extra, un estudio de yoga, un espacio de masaje, sala de juegos para niños y principalmente una cabaña de alojamiento vacacional en lugares impresionantes. Están construidas en una pequeña ciudad llamada Fernie, en las montañas de British Columbia, en Canadá y todos los productos que usamos son canadienses. Nuestro objetivo es ser energéticamente eficientes mientras mantenemos un bonito diseño. Las cabinas vienen con el cableado completo para la corriente norteamericana de 120 voltios. Cada cabaña está construida para superar los estándares de los actuales Códigos de Construcción canadienses y de British Columbia, y está completamente aislada y sellada para soportar el clima extremo del oeste de Canadá.

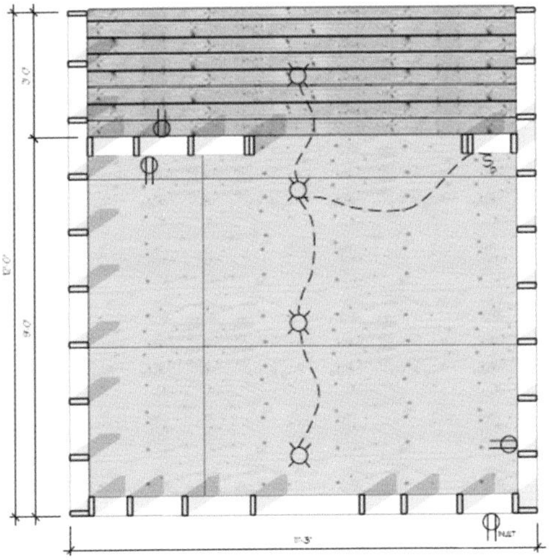

Floor plan _ Planta

"The cabins come fully assembled and we deliver, mainly in Western Canada and USA but are looking at options to have them built in other locations to supply the East coast of Canada and USA." They are just laid down on soon tubes or patio stones they do not require a foundation.

"Las cabañas vienen totalmente montadas, y entregamos sobre todo en el oeste de Canadá y en los EEUU, pero también estamos buscando opciones para construirlas en otros lugares y proveer a la costa este de Canadá y los EEUU." Se colocan sobre tuberías o losas de terraza, no necesitan cimientos.

Modern Tiny Home in Colorado

Project Designer: **Tiny Heirloom**
www.tinyheirloom.com

Size: 24 feet long (7,3 metros de longitud)
Photos © Jason Francis

This custom tiny house was built for a young couple that loves to travel. They realized that they could not only have their own living space but also have the financial freedom to continue to travel the world as they wish. Its modern design and its spacious and functional interior make this the ultimate place to tour the continent or come home to after traveling abroad. One of the most stunning features on this home is the rooftop deck that allows the couple to take their entertainment outdoors while increasing their amount of usable space. This home also features a second loft that functions as a closet, a cabinet that pulls down into a table, a spacious kitchen and a washer dryer combo unit built into the stairs. These features allow the owners all the comforts of a regular sized home in a more financially manageable and practical space. Each and every inch in the home is utilized to its full potential while maintaining a comfortable feel with high-end design finishes incorporated right into the house.

Esta diminuta casa personalizada se construyó para una pareja joven que adora viajar. Se dieron cuenta de que no solo podían tener su propio espacio para vivir, sino también la libertad económica de continuar viajando por el mundo según sus deseos. Su diseño moderno y su interior espacioso y funcional la hacen el sitio definitivo para recorrer el continente o para volver a casa después de haber viajado al extranjero. Una de las características más impresionantes de esta casa es la plataforma del tejado que permite a la pareja relajarse fuera mientas aumenta la cantidad de espacio útil. Esta casa también presenta un segundo altillo que funciona como un armario, una armario que se convierte en mesa, una espaciosa cocina y un combo de lavadora y secadora empotrado en las escaleras. Estas características permiten todas las comodidades de un hogar de tamaño convencional en una casa económicamente más adaptable y en un espacio práctico. Todos y cada uno de los centímetros de esta casa se han utilizado en todo su potencial mientras que conserva una sensación de confort, con acabados de diseño exclusivo incorporados a ella.

"As the first defense against natural elements we pride ourselves on creating a tight envelope that will stand up to harsh conditions. We use cedar siding on our exteriors which not only saves weight but stands up to weather better than other traditional wood siding. To top it off, our roofs are all standing seam metal roofs. It sheds rain, reflects heat and ignores snow and ice. With a life span longevity second to none it is suited in every climate. The metal roof is made with 100% recycled material making it a clear choice for a Tiny Heirloom".

"Como primera defensa contra los elementos naturales nos enorgullecemos de crear una envoltura sellada que aguantará condiciones muy duras. Usamos recubrimientos de cedro en nuestros exteriores, lo que no solo aligera el peso sino que también soporta el desgaste mejor que otros recubrimientos de madera tradicionales. Para finalizar, nuestros techos son todos de metal con uniones estancas. Estos desaguan la lluvia, reflejan el calor y repelen la nieve y el hielo. Con una vida útil sin igual, es adecuada para todos los climas. El techo de metal está hecho con materiales 100% reciclados".

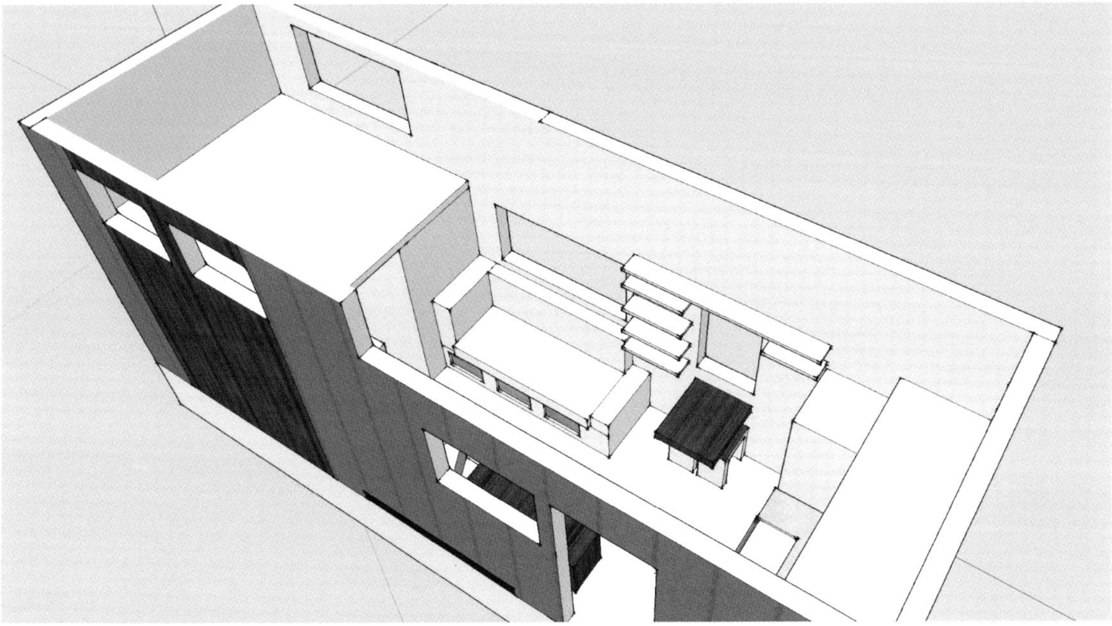

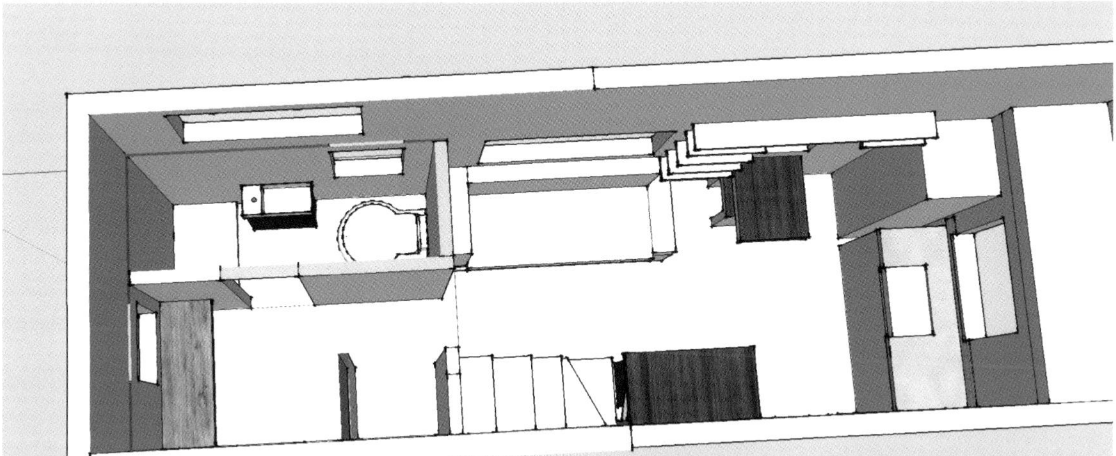

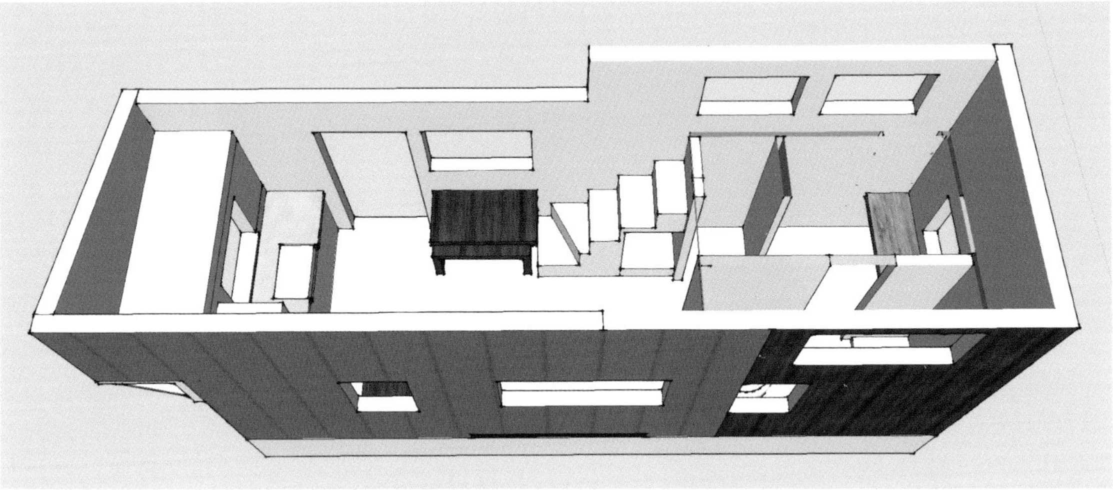

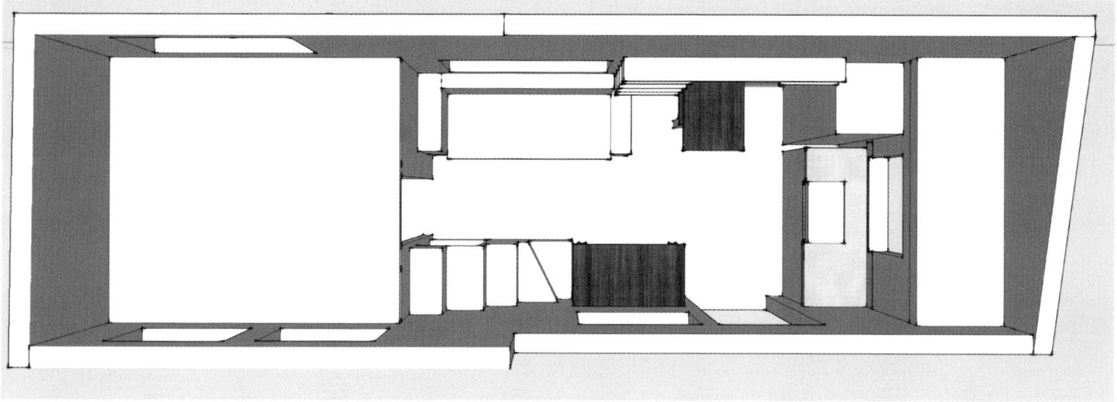

Vina's Tiny House

Sol Haus Design
Project Designer: **Vina Lustado**
www.solhausdesign.com
www.vinastinyhouse.com

Size: 140 sf (13 m^2)
Photos © Eileen Descallar Ringwald, Chibi Moku Photography

This house was born of the desire to live lightly and simply. Vina Lustado set out to design and build a tiny house for herself. Built on a 2.5 x 6 meter trailer, Vina's Tiny House is just 14 square meters of charm packed in a micro dwelling. The house represents the owner's values in sustainability, simplicity, and living within her means. Using reclaimed materials and powered by solar panels, the dwelling has a minimal impact on the environment. Elements throughout were carefully chosen and crafted for multi-functionality. The exterior deck maximizes the living space, while trees provide shading and passive cooling.

Esta casa nació del deseo de vivir de forma ligera y sencilla. Vina Lustado decidió diseñar y construir una pequeña casa para sí misma. Construida en un trailer de 2,5 x 6 metros, Vina's Tiny House tiene solo 14 metros cuadrados de encanto envueltos en una micro-morada. La casa representa los valores de sostenibilidad, simplicidad, y de vivir de acuerdo a los propios recursos. Usando materiales recuperados y alimentada por paneles solares, la casa tiene un impacto mínimo en el medio ambiente. Los elementos son escogidos minuciosamente y diseñados para ser multifuncionales. La plataforma exterior maximiza el espacio habitable, mientras que los árboles aportan sombra y refrigeración pasiva.

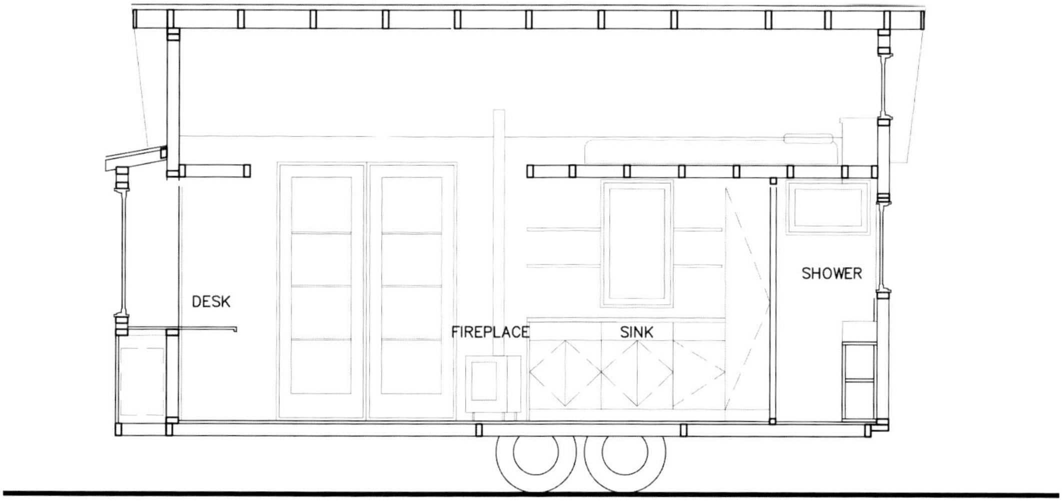

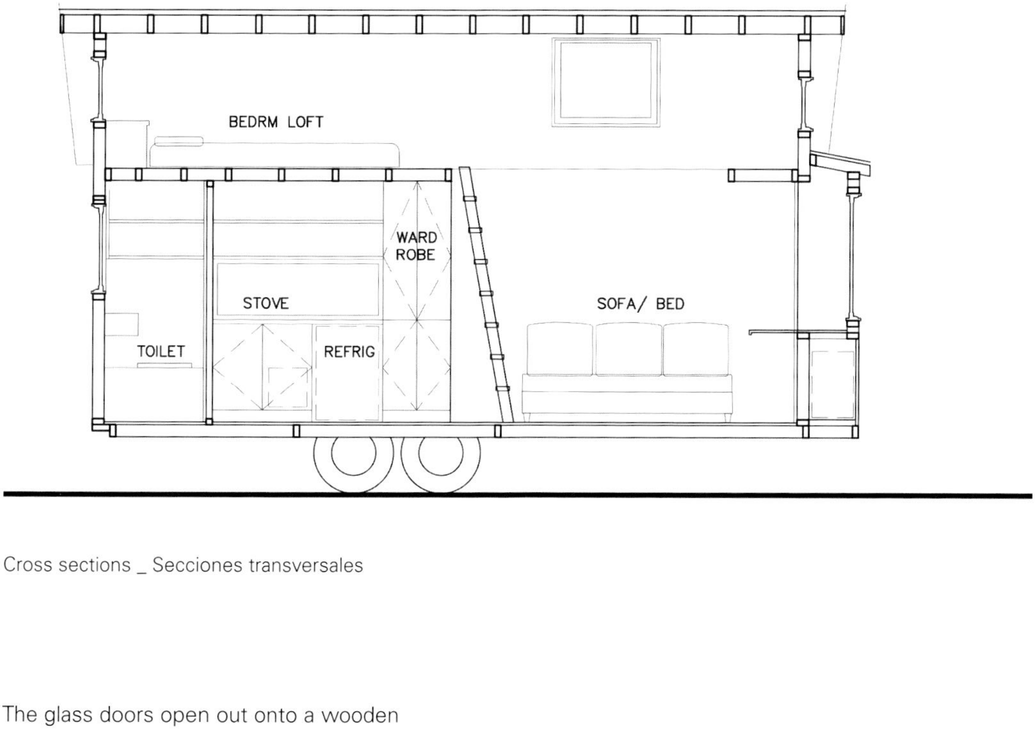

Cross sections _ Secciones transversales

The glass doors open out onto a wooden terrace, blurring the boundaries between inside and outside.

Las puertas de cristal se abren a una terraza de madera, difuminando los límites entre interior y exterior.

Equipped with a gas fireplace and operable skylights, living simply has never been so luxurious.

Equipada con una chimenea de gas y claraboyas abatibles, vivir sencillamente nunca ha sido tan lujoso.

With multi-purpose custom furniture, the main room serves as a living room, dining room, office and guest bedroom.
The intentional use of light, flowing spaces and hand crafted touches by local artisans give Vina's Tiny House a unique Zen-like quality.

Con mobiliario personalizado multifuncional, la habitación principal sirve de cuarto de estar, comedor, oficina y dormitorio de invitados. El uso intencional de la luz, los espacios fluidos y los detalles realizados por artesanos locales, dan a la Vina's Tiny House un característico estilo Zen.

dwell
NANO HOUSE
Italy
Thailand

CALIFORNIA
THAILAND
MICRO
TINY HOMES

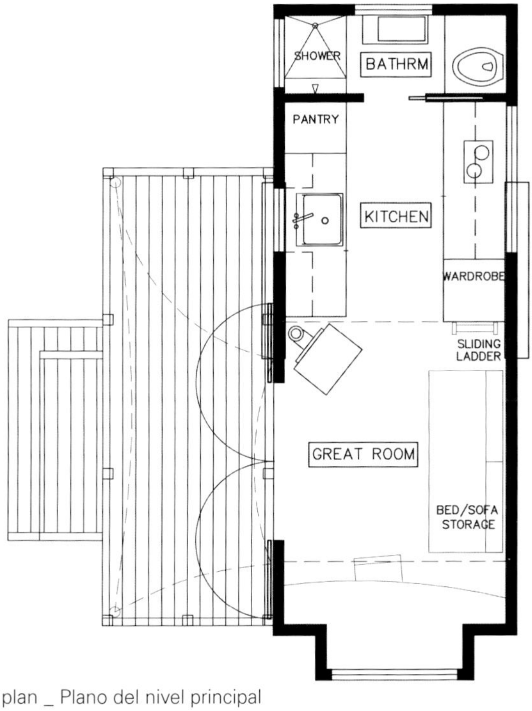

Main level plan _ Plano del nivel principal

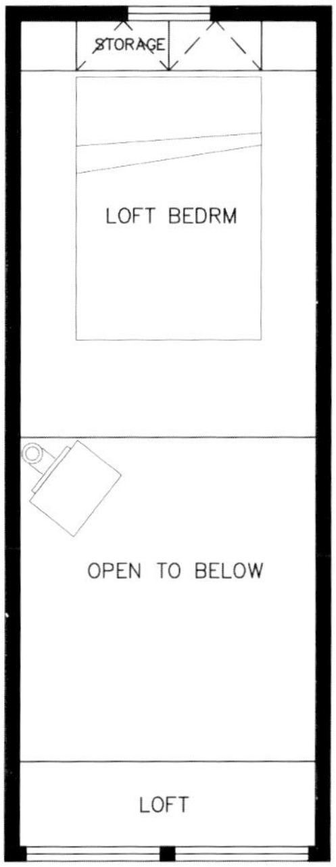

Loft level plan _ Plano del altillo

SOL POD Mobile Studio

Sol Haus Design
Project Designer: **Vina Lustado**
www.solhausdesign.com
www.vinastinyhouse.com

Size: 110 sf (10.2 m^2)
Photos ©Tiffany Israel, Jens Lucking

SOL POD is a mobile studio designed to be portable with maximum flexibility. Built on a 8'6" x 16' trailer, the interior space is merely 110 square feet on the main level. The structure is powered with rooftop solar panels and built with prefabricated structural insulated panels (SIPs) for an energy efficient envelope. Use it as a backyard cottage, office space or art studio. Whatever your needs, the SOL POD can travel with you!

SOL POD es un estudio móvil diseñado para ser portátil con la máxima flexibilidad. Construido en un tráiler de 8'6"x16', el espacio interior es de meramente 10,2 metros cuadrados en el nivel principal. La estructura está alimentada con paneles solares en el techo y construida con paneles aislados estructurales prefabricados (SIPs) para una envoltura energética eficiente. Úsalo como una casa de jardín, oficina o estudio artístico ¡Independientemente de tus necesidades SOL POD puede viajar contigo!

Home
Technology

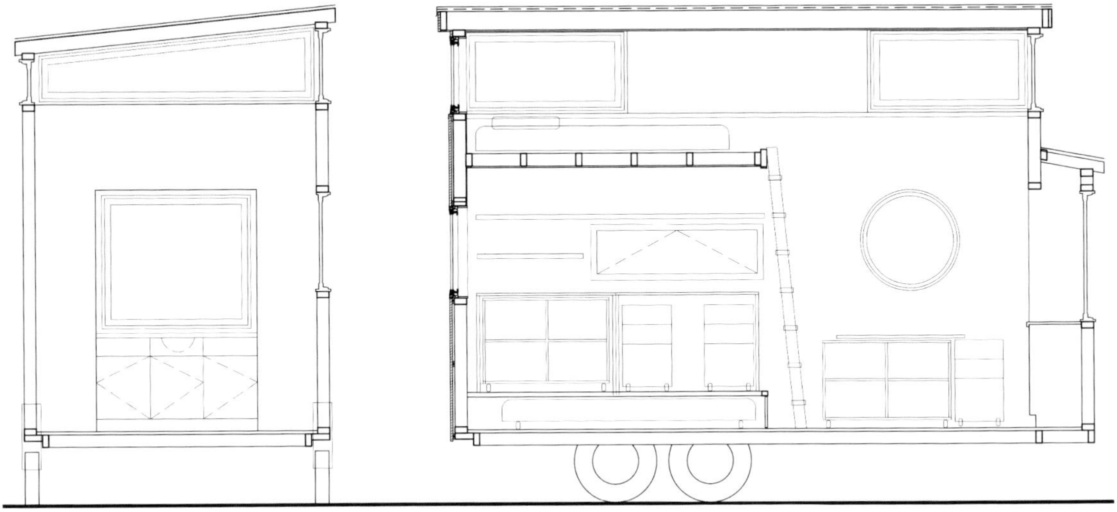

Building sections _ Secciones

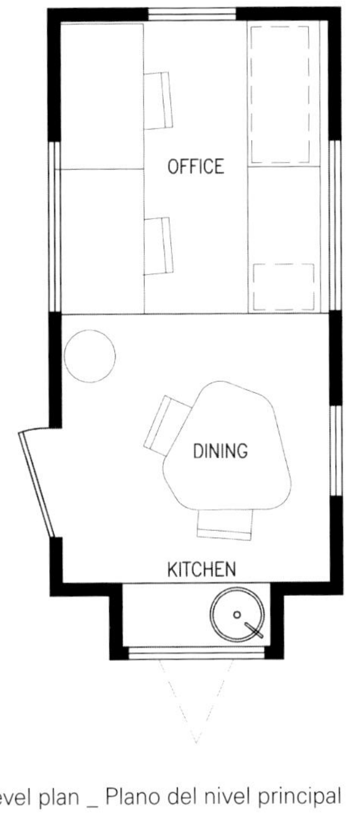

Main level plan _ Plano del nivel principal

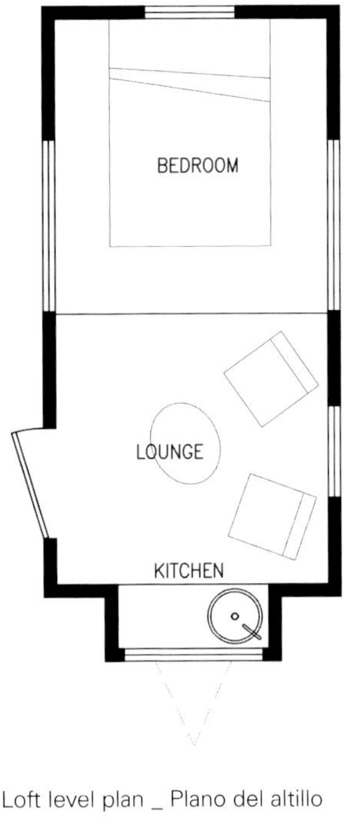

Loft level plan _ Plano del altillo

Variations of the floor plans that can be used for living space, office or studio.
Variaciones de las plantas, que se pueden utilizar como sala de estar, despacho o estudio.

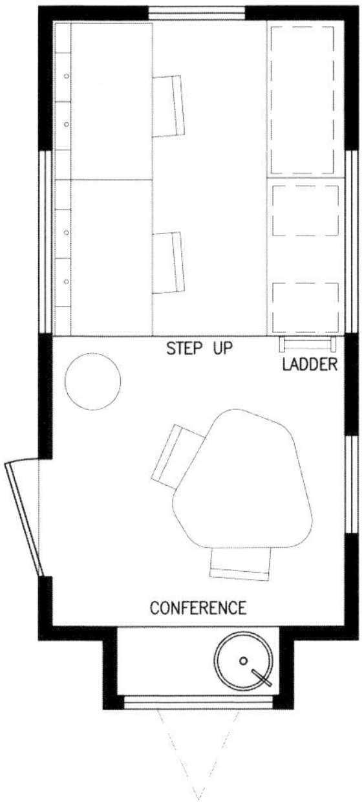

Main level plan _ Plano del nivel principal

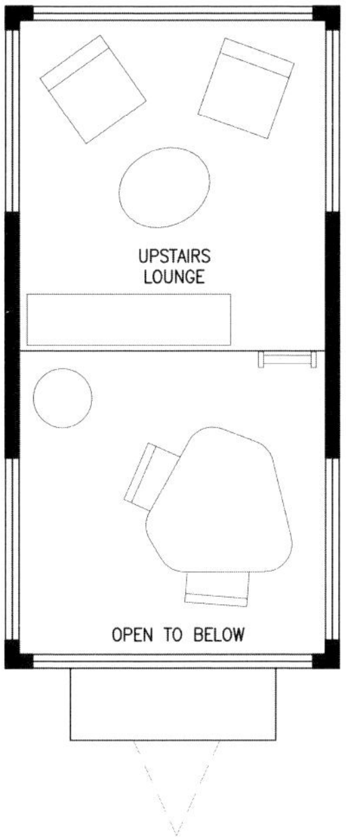

Loft level plan _ Plano del altillo

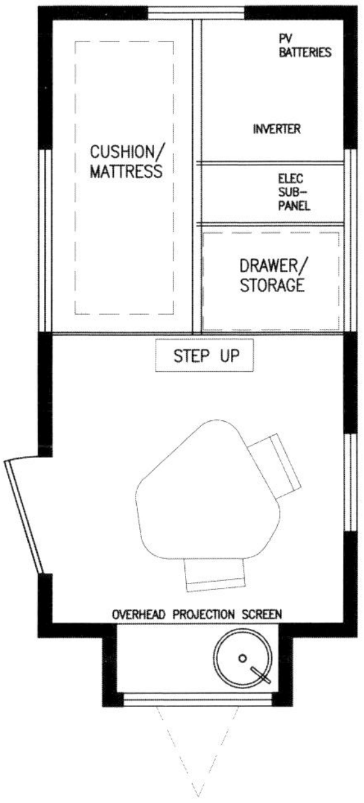

Main level plan _ Plano del nivel principal

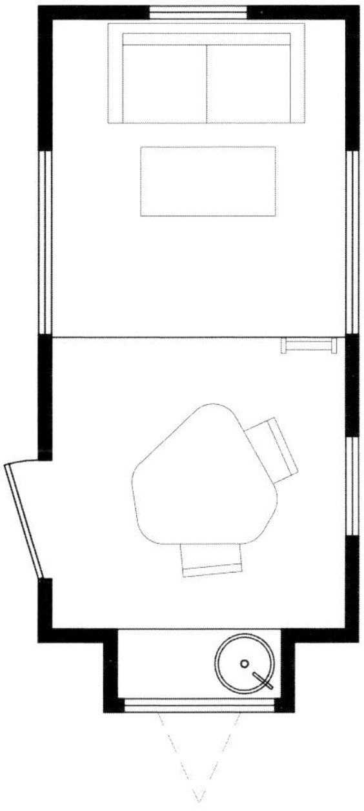

Loft level plan _ Plano del altillo

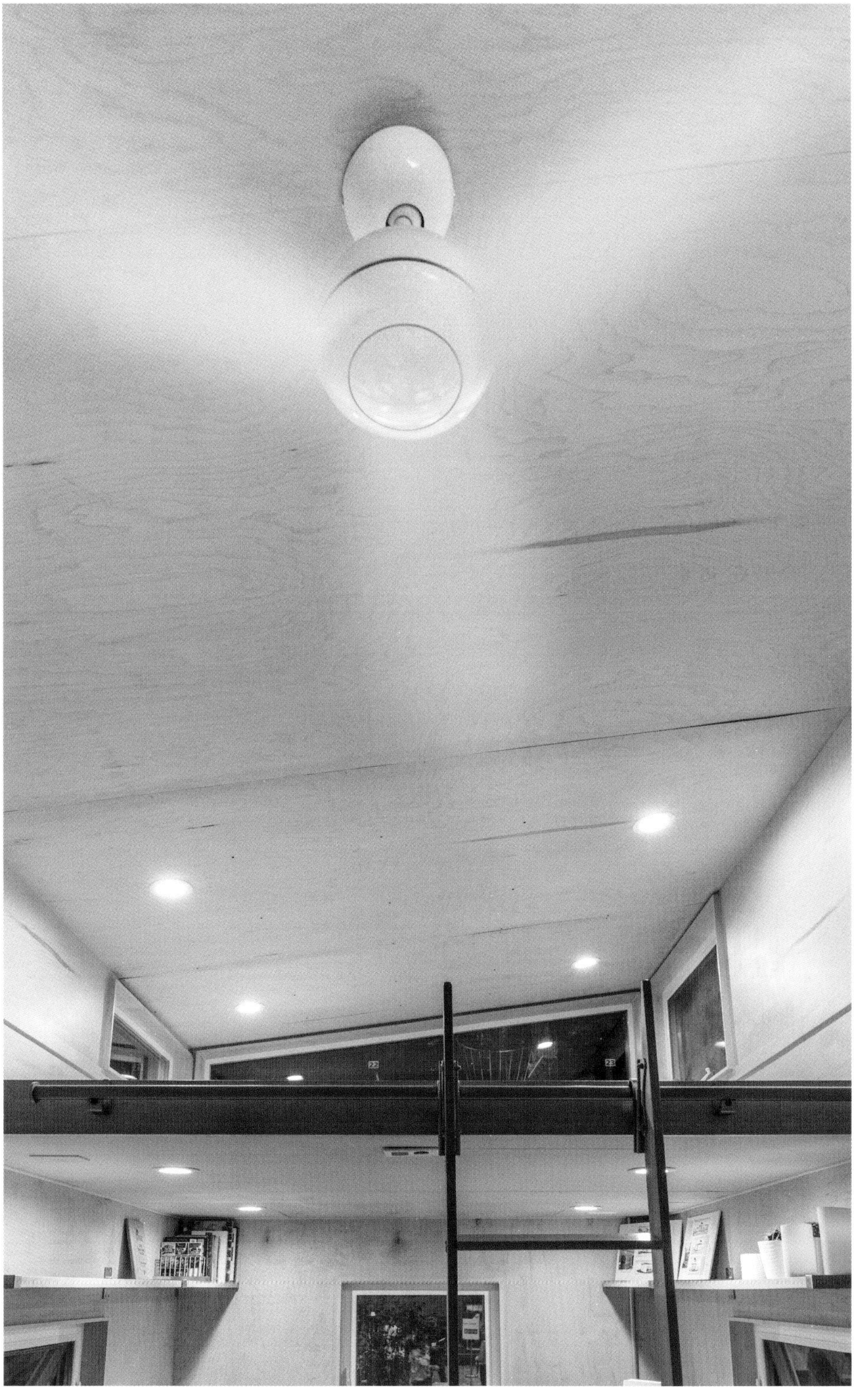

There is a raised floor to provide maximum storage for supplies and equipment for photovoltaic system.

Hay un suelo elevado para proporcionar mayor capacidad de almacenamiento e instalación para el sistema fotovoltaico.

The interior is bathed in natural light with clerestory windows for at the loft above. Maple plywood is used for the interior walls and custom-built furnishings.

El interior esta bañado de luz natural con ventanas en la parte de arriba del altillo. Para los muros interiores y el mobiliario personalizado se usa contrachapado de arce.

NANO HOUSE
MICRO

The compact kitchen is fully functional with a mini-fridge, sink and induction stove hidden inside the drawers. The sink can be covered with a cutting board to provide a continuous countertop.

La cocina compacta es totalmente funcional, con una mini-nevera, fregadero y fogones de inducción ocultos en cajones. El fregadero puede cubrirse con un panel de madera para proporcionar una encimera contínua.

Mobile Homes

Transportable, Tiny, Lightweight